日本語教室の窓から世界がみえる

——吉野川市国際交流協会日本語教室の現場から

村上瑛一

22世紀アート

序

吉野川市国際交流協会の前身である鴨島町国際交流協会は平成四年（一九九二）八月三十日に設立され、同年十月から支援部の活動として「日本語教室」が「文化研修センター」で発足した。私は平成五年（一九九三）五月に大阪の会社を退職して帰郷したが、当時事務局を担当されていた曽我部訓博さんから協会のことを紹介され入会した。

同五年八月三十日に行われた第一回総会に出席した際、筒井直典会長（当時）の要請をうけ、以後日本語教室に出席するようになった。そして、翌六年から全面的に教室の授業をまかされることとなり、以来今日まで日本語教室の運営に専念してきた。

さきに、鴨島町国際交流協会が吉野川市国際交流協会に発展的に移行したことを機に、日本語教室での外国人との交流の様子を記録に残しておくことを考え、発足以来の教室の歩みについての資料の整理と、年ごとの実施状況や特記事項についてその概要をとりまとめる作業を行った。その後、瀬尾規子会長からの要請もあり、それらの記録を「日本語教室の歩み」として編集するための作業にかかった矢先、家内が病に倒れ、通院、介護、入院などに手をとられ、さらに死去という不幸もあって作業は中断したままま今日に至ってしまった。

あたかも、平成二十四年度が教室発足以来二〇周年に当たり、二十五年度をもって私の専任二〇年の節目となることから、今回日本語教室の歴史として二十年間の推移をとりまとめた。資料の収集やその整理と内容事項の取捨選択に苦心し、時間や手間の関係から意を尽くしたものにはなっていないが、ひとつの区切りとしてここに発表する次第である。

構成については単なる授業内容の羅列とせず、私が直接見聞、または体験した教室内外での出来事と、強く印象に残っている受講生のことや、遭遇した問題の中から代表的なものいくつかを取りあげ、許すかぎり率直にその実状を記述することとした。

ふり返って、この二〇年間の社会と国際関係の変容の大きさに驚かざるをえない。この町のささやかな日本語教室の歩みも、そうした変転する社会と国際関係を反映した日本社会のひとつの縮図であったことを改めて実感している次第である。単に教室の課業を説明する年代記とはせず、外国人受講者の実状やそこに起こった出来事と問題点、そして私の個人的な感懐をあえて選択して記述したのも、そうした思いが強かったからにほかならない。その意味で、ここに記した事柄は、当地における日本語学習を通しての国際交流の歴史であるとともに、地方の小さな日本語教室の窓から眺めた日本と国際社会の風景の変遷そのものでもあると言えると思う。

平成二十六年（二〇一四）十二月

村上瑛一

目次

―初期、模索の五年間―

平成五年（一九九三）〜平成九年（一九九七）

平成五年（一九九三）

日本語教室の風景

平成四年十月から毎週月曜日、鴨島町文化研修センター二階第五教室で「日本語教室」が開かれた（この教室は研修センターで最も広い教室で、平成二十一年（二〇〇九）前期まで優先的にこの教室が使用された）。時間は午後七時から八時三〇分までの一時間三〇分、講師は、田村実さん、川真田優子さんの二人が交替で担当した。

受講者は、カナダ・アメリカのＡＥＴ（英語指導助手）とフィリッピン人の主婦など数名であった。テキストには『JAPANESE　FOR　BUSYPEOPLE』（国際日本語普及協会編、講談社インターナショナル発行）が使用された。

大半の人が日本語の学習をしたことのない初心者なので、英語とローマ字を用い授業が行われた。日本人講師にとっても初めてのことで、説明の仕方にかなり苦心した模様である。しかし、協会の広報誌「国際交流かもじま」の授業風景の写真によると、日本語のローマ字による読みが懇切に板書され、丁寧な指導が行われていたことがわかる。

また、八時三十分からの半時間を雑談の時間に当て、身近なことや趣味、日常的な話題について話しあうなど、自然な交流の場の醸成に配慮されていたことがうかがえる。また、練習にでてきた品物、例えば羊羹や納豆の実物を持参、提示して食べてみるなど、日常生活上の日本文化の紹介や、それを通しての交流親睦の場も持たれている。

こうして、手さぐりの状態ではあるが、その後に続く日本語教室の歩みが着実に踏み出されていった。

受講者

平成五年度の出席者は、下記のようであった。

ノラ・マッケンナ、その夫のマイケル（アメリカ、町の英語塾講師）

ニシ・グプタ（カナダ、英語指導助手）

木村ニムファ、マリネ・サンパラ（フィリッピン、主婦）

ブレンダ（カナダ、英語指導助手）ほか

授業は田村実さんが主に行い、九月十二日以降、場合により村上が代講した。

なお、九月十二日には大倉和夫さんが出席している。大倉さんは元中学の国語教師と自己紹介され、中国語に堪能の由で以後の参加が期待されたが、出席者に中国人がいなかったためかその後は教室へは姿を見せられなかった。しかし、後に課外活動などに参加され中国研修生との交流を図られていた。

開講状況

開　講　日　毎週月曜日
授業時間　十九時～二〇時三〇分（雑談を入れ二十一時）

教室の窓から

外国人向け日本語文法

日本語教室へ顔を出すようになってから、私は「文化の森」の県立図書館へ通い、日本語の教授に関する本を何冊か読んでみた。正直なところ、自分の知っている国語の授業と、外国人に対する日本語の教え方が全く異なっていることに驚いた。特に文法について、異なる文法用語と語法説明を行っていることに疑問を抱かざるをえなかった。恐らく、短期間に日本語の基礎を覚えこませるために、また外国人…それも念頭においているのは英語圏の人々、さらに端的にはアメリカ人…に理解し易いようにとの考えから、そうなったのであろうが、根底には、日本語の文法がなにか特殊なものであるかのような先入観、そして、日本語（さらに文法）が曖昧な点を内包し、日本語が外国人にとって難解な言葉であるという思いこみがあったためではないかと思われた。

そのことは、初期に日本語を教えている人が書いた経験談を読むとよくわかる。多くの人が、アメリカへ行って日本語を教えたり、日本に来ている外国人に英語を介して教えた経験を書いているが、外国人の質問に答えられない問題に直面し、そこからきて「日本語はむずかしい」とか「日本語は文法があいまいである」とか、日本語の不完全さを指摘しているものが多い。戦後間もなく外国へ行って、日本人だから日本語を教えることは容易だろうと思っているところへ、英語と比較した質問を受けて立ち往生した経験が、そうした日本語に対する先入観を形造ってしまったように思われた。直截的に言えば、これらの日本語教師の草分けは、英語の文法でもって日本語の文法を説明する発想で臨んでいたのである。そうして、後年こうした人たちの中から日本語教育の実践現場の指導者が現れたとき、その人たちのそうした先入観が、そのまま次なる世代の日本語教師のなかに定着していったのではなかったのだろうか。欧米語とくに英語に対する日本人の日本語劣等感が、そうした日本語教育法をつくりあげていった根本的な理由であるように思われる。

「・・・・日本語は外国人にとって難解な、おそらく世界で一番難しい言語であるよう・・・」といった表現がよくなされている。外国人は日本語が世界で一番難しいかどうかは知らないはずである。これを書いた日本人がそう思いこんでいるのである。日本語以外の外国語の学習も、同じように難しいものだろう。日本人は日本語を特殊視しすべきではないと思う。日本語の文法をそのまま教えるべきではないか、理解を容易にするための解釈法や説明法として、「い形容詞」とか「な形容詞」、Ⅰ類の動詞とかⅡ類の動詞といった言葉を用いるべきではないのではないかと思った。そしてこのことは、後に中国人の学習者が増えてきたときに強く感じられるようになった。中国人学習者は、漢字という共通項を持ったためか、西洋人に比べて日本語の文法（学校文法）の理解と取り込みが速く容易である。初歩の学習が終わって、更に上の日本語の学習にかかった中国人は、たいてい外国人向けの文法説明をすると、必ず「それは日本語の文法ではどういうか」とか「それは五段活用ですか」とか「その言葉の品詞はなんですか」といった質問をするようになる。こうした事実をみていると、外国人むけの便宜的文法説明をすることは、さらに上級の日本語学習をする人に対しては、かえって二重の負担を強いることになるように思われた。

初めにそうしたひっかかりが底流として心の中にあって、私はその後、日本語を教えることとは別に、日本語そのものの歴史や構造の理解に自分自身関心をそそられるようになっていった。日本語を教える自分が、もう一度日本語の本質と日本語教育を取りまく国際情勢について、よく理解しておく必要があるのではないのかと考えるようになっていった。

最初の年にそんなことを思ってとまどっていたとき、全く偶然にも、徳島大学の開放講座で、「経験者のための日本語教授法」という講習が行われることを知った。早速申し込みをして、翌年平成六年の一月二十四日から二月四日まで日本語教授法についての講習を受けることとなった。

中国語の学習

教室に顔を出した頃は、受講者は英語圏の人たちばかりだった。自分自身、英会話の練習ができるのではないかと考えて出席することにしたのである。しかしその一方で、将来は中国人の参加が増えるのではないかという予感も持っていた。この予感は翌年から現実のものとなってくるが、とにかくそういう思いから、私は早くから中国語への関心を抱いていた。私は父親の勤めの関係から、昭和十三年（一九三八）から二十一年まで、旧満洲（現在の中国東北部）の鞍山で過ごした。この私の少年期における満洲での生活体験は、私の人間形成の上に大きい影響を及ぼしている。

この土地は故郷なりや異郷なりや友と訪ひつついま答へ得す

満洲から引き揚げて三十六年後、中学の同窓生たちと中国を訪ねたとき私はこんな歌を詠んだ。同窓生たちもみんな複雑な思いを胸の内に秘めている。そして、私もまた旧満洲の大地に立ったとき、こみ上げてくる郷愁の念にとらわれるのをどうすることもできなかった。

私は中国人および中国の歴史に対して、尊敬と親しみ、そして反面、優越感の名残りと対抗意識という相矛盾する感情を胸の奥にしまいこんでいる。少年期をそこで送った新天地満洲の風土と、私を育てた縹渺とした大地の息吹きが心の奥底に沈潜して、それが私という人間の基底を形づくり、同時になにか、個人の歴史の原初的な大きい記憶を無意識下に頭のなかに形成しているのである。

中国語を習おうと思ったのは、私の場合こうした自分の過去への接近を求める心情からきたものであって、初めから国際交流のための外国語の学習といったような目的意識に基づくものではなかった。

退職し故郷に帰って一段落ついたときでもあった。新聞紙上で、徳島大学大学開放実践センターでの中国語講座の開講を知って、自然に十月から開かれる中国語講座に申込みをした。大陸に九年住みながら、第二の故郷であった土地の言葉を知らない。仕事から解き放たれたいま、私はあらためて私の第二母語を学びなおそうと思い返したのである。「ニイ好中国語」という講座の副題から、初歩の講座だと思って入ったが、この講座は、前期・後期に分かれて継続しているもので、私が申し込んだ十月からの講座は後期の授業でかなり程度の高いものであった。講師は李という徳島大学への留学生で、むずかしい語句や用例を早い調子で講義し宿題も課した。それで、初心者の私としては、四苦八苦しながらついていくのがやっとというありさまだった。何かと忙しく復習もほとんどやらなかったので、三か月の講座が終わった十二月の時点でも、片言の中国語も満足に話すことができない（連一句中文也不会説）といった状態であった。

しかし、この講座に出席していた人たちと知り合いになり、その後、この講座を終えた人たちが集まって十二月十四日から始めた「中国語同好会」に参加して、中国語の学習を続けてゆくことになる。そして、さらにその二年後、思いもかけず多数の中国人研修生との出会いがあって、以後今日まで中国人との交流が続くこととなった。こうして、個人的な中国への想いから始めた中国語が、何か因縁づけられていたように、国際的な交わりの場につながってゆくことになったのであった。

前列・ニムファさん家族と岩井牧師　後列・石井、田村、ニシ・グプタ、曽我部さん

平成六年（一九九四）

日本語教室の風景

私が顔を出すようになった平成五年の九月には、講師は田村さん一人だけとなっていた。田村さんは県内の会社に勤めており、会社勤務の傍ら夜分まで時間に縛られるこの教室の授業を一人で継続していくのはかなり負担になっていたのだろう。自然に退職者の私が代講を頼まれるようになり、この年、平成六年からは全て私に任されるようになった。

こうして、毎週月曜日の夜、町および近郊に滞在している外国人の希望者に日本語を教えるという、それまで思ってもみなかった生活がはじまった。

授業時間は従来の午後七時から八時三〇分までを踏襲したが、程度の異なる新たな受講者の出席に対応して個別の授業時間を増やした。

教科書は同様『JAPANESE　FOR　BUSYPEOPLE　ローマ字版』（国際日本語普及協会編、講談社インターナショナル発行）を基本としたが、新入外国人に対しては、個々に手作りの日本語入門教材、試験問題集などを使用した。

受講者

五月までは前年の人のうち
ノラ・マッケンナ（英語塾講師）、グプタ・ニシ（カナダ、英語指導助手）、
ニムファ・木村、マリネ・サンパラ（フィリッピン、主婦）らが出席
六月から
江本京子（中国、中国名・田英　主婦）、
ロイ・サンドバル、　カルメン・ニイタ（ペルー）
八月から
コーリー・ジャクビャック、ジェイスン・ピカード（アメリカ、英語指導助手）
金意（元中国研修生・主婦）が出席するようになった。
また九月からは
シェリー・レーヴィス（カナダ、英語指導助手）、

グロリア・オカシオ（アメリカ、英語指導助手）、
ジェイスン・ラグゾー（アメリカ、後に英語指導助手）
といった人たちが主であった。
なお、継続してではなかったが、他地域英語指導助手の
ラリー・ノースロップ（アメリカ）、ボジック・デニカ（アメリカ）、
ラリー・デニカ　（アメリカ）といった人たちも出席した。

開講状況

開　講　日　月曜日、金曜日（八月以降）、日曜日（十一月以降）
授業時間　十五時〜十六時（六月〜八月）、
　　　　　十七時〜十九時（八月以降）
　　　　　十九時〜二〇時三〇分

引き継いでからこの年、一九九四年の五月までは、鴨島町ＡＥＴ（英語指導助手）のニシさん、英語塾講師・アメリカ人のノラさん、日本人と結婚したフィリピン人の木村ニムファさんの三人が常時出席

者だった。ところが、六月になって中国人主婦の江本さんとペルー人のロイ・サンドバル、カルメン・ニイタ夫妻が入ってきた。三人とも日本語は全然できない。初級講座とは言っても、二年近く勉強している三人とは同一授業はできない　それで、臨時の措置として、江本さんには、午後三時から四時まで「あいうえお」から教えることにし、他の人には午後七時から八時三〇分までの授業とすることに変更した。そして私はといえば、教室から車で二〇分のわが家へいったん帰り、早い夕飯をとって六時過ぎに研修センターへ引き返すか、多くは役場へ行って教材の作成をしてから、そのまま研修センターへ戻るという行動を繰り返していた。そして、そのときは夕食は一〇時になる。しかし、これで問題が解消したわけではなく、その後もいろいろな国籍の人が出入りするようになり、個々人の水準にあわせた授業をおこなうことは困難になってきた。

逆の例もある。この年の七月、帰国したニシさんの後任ＡＥＴにコーリーというアメリカ人が赴任してきた。彼女はかなり達者な日本語を話した。アメリカの大学で二年間日本語を専攻したとのことであった。同じく八月から顔を出しだした金意という中国人も、中国の大学に在学しているときから日本語を勉強していたということで、十二月に行われる日本語能力試験の一級を受験したいという。それで、午後五時から七時までを中級、七時から八時三〇分までを初級として二組制をとることにした。

九月に入って、近隣の町にある県立高校ＡＥＴのシェリー（カナダ人）や、グローリア、ジェイスン

（ともにアメリカ人）たちが出席するようになった。

金さんは非常な勉強家で、初級組にも顔を出して、初級のやさしい授業を聞きながら受験の勉強もしていた。能力試験が迫ってきた十一月からは、当人の希望をいれて日曜日の一時半から三時半までの二時間、聴解や文法など試験対策用の特別授業を行った。意外だったのは、多くの日本語教科書では外国人には教えないことになっている「学校文法」を、中国人は簡単に理解することであった。こちらが言わないのに、五段活用と四段活用や、上一段と上二段の違いを質問したりする。英語圏の人は、日本文法には興味を示さないばかりか、むしろその説明を敬遠する。最近は英語の解説と並んで、中国語やスペイン語の語彙説明がついた日本語教科書が出回るようになってきているが、日本語教育の教科書の立場は、東洋系の外国人の数が断然多くなった現在でも、まだ依然として欧米人を対象にする域を脱していないように思われる。金さんの質問も、本に書いてある語彙や文法上のことではなく、微妙な機微の違いをもった表現、例えば「てんてこ舞い」と「きりきり舞い」の言葉の差異とか、オノマトペ（擬声（音）語・擬態語）の類いのものが多かった。「さらさら」と「そよそよ」の違いの説明などは、多くの例文を示して説明しても、なかなか理解し難いようであった。擬声語・擬態語については、欧米圏の人にも理解が困難なもののようである。しかし、彼らは概してこの表現に非常な興味を抱くように見受けられた。教室で顔を合わせたとき、ユーモアに富んだ性格のジェイスンなどは、「きょうは、トクシィーマへ行って、駅からブラリブラリ歩いてきました」

などと応用したりするのだった。

金さんは、十二月の日本語能力試験・一級に合格する。そして更に総合試験（主に日本の国立大学へ入学するための学科能力試験）にも平均八十四点の高得点で合格した。そして、翌平成七年度徳島大学総合科学部留学生として入学手続きをとる。私は金さんの出身校である上海工業大学の推薦状の翻訳、入学願書の手配、記載内容の検討などに力を貸した。

教室の窓から

日本語教授法

この年、平成六年の一月二十四日から二月四日まで、徳島大学大学開放実践センターで行われた「経験者のための日本語教授法」の講習を受講した。行ってみて最初の日に驚いたことが三つあった。一つは、受講者が私以外は全部女性だったことである。若い娘さんからおばさん風の人まで二十数名の女性を前に、正直言って体裁の悪い思いをしたものだった。ところが、開講の挨拶をされた西尾珪子先生（後に知ったことであるが、この方は現代日本語教育の草分け的な存在の人であった）は、「このクラスには、男性の方が一人ですがいらっしゃいますね。いままで地方へ行って、日本語教育の話をする機会が多かったですが、残念に思っていたのは、集まられる人は、ほとんど女性ばかりだったことです。徳島に来て、だいぶ年を召していらっしゃるようですが、男性の方が参加してくださってとても嬉しく感じています」

と話しだされた。私としては、面映ゆいような、また、やはりそうか、といった喜んでもいられないような気持を持ったのが事実である。職業上の男女差とか、日本語教師や日本語教育というものに対する国や社会の認識とか、またその結果としての報酬の問題とか、さまざまな要因があるのだろうが、日本語教育あるいは日本語教師というものについての男性の関心の程度は、実状としてかなり低いように感じていたからである。

もう一つは、その裏返しのようなものであろうが、講習に参加していた女性の自信というか、自尊心というか、なにか肩肘張ったようなところのある人が多かったということだった。講師の教科書への質問に対し、いい教科書がなくて困っている、といった答え方を堂々とするので私はびっくりしてしまった。また、市販の教科書なんぞ使っていないとか、毎回自分でつくった教材を使っている、といった返答もされていた。

この講習に参加していたのは、半数が年輩者の元教師、残りが若い大学出の主婦で、塾かなにかの講師か、あるいはこれから日本語教師をやろうと考えている人たちのように見受けられた。後年、中国人研修生の不法就労斡旋の罪で起訴されるHさんや、各地で国際交流協会や日本語教室を立ち上げた人たちもいた。私は、最前列の真ん中の机に坐っていたが、こうしたやりとりを聞いていて、自分の素人ぶりに身のすくむような思いを抱かないではいられなかった。三つめは、

「徳島はいいですね。駅を降りて、バスに乗ってここへくるまで、外国人に一人も出会いませんでした。東京をご覧なさい。私の通勤駅の渋谷など、駅を出ると外国人ばっかりですよ。皮膚の色の違う人ばっかりの人ごみの中を通って行くのは、薄気味わるいですよ、正直言って・・・・。徳島へ来て日本だな、という思いを強くしましたよ」

という言葉を聞いたことである。

私は、国際化という名のもとでの異文化接触度の増大と、一方で、国際化と言っている社会の裏の素顔に触れたような気がして、なにか複雑な思いにとらわれたのであった。

最初に私が出会わせたそんな驚きを別にすると、この講座は、国際日本語普及協会に所属する、先の西尾珪子先生を始めとする和田政子、関口明子、品田潤子、松井治子、都築陽子といった、実際にいろ

いろな階層の外国人に日本語を教えている、いわば最前線の日本語教育の「手練れ」ともいうべき人たちによる講義と演習からなり、単なる日本語の文法や語彙の知識に関するものではなく、日本語教育における基本的な心得と、日本における外国人学習者の実態と問題点、およびそれへの対処法といった内容であったので、初心者の私には日本語教育に必要な基礎知識を習得する上で本当に有意義であった。実際、この講習を受けた後、私は日本語教室へ臨むにあたっての自信のようなものを掴むことが出来た。

講義内容は、「コースデザイン」「文法…・誤用例をもとに」「技術研修生のための日本語・コースデザイン」「年少者のための日本語・コースデザイン」「定住者のための日本語・コースデザイン」「教授法・音声指導」「教授法・ロールプレイ」「一般成人のための日本語・コースデザイン」「教材・教具」といった各面にわたり、後に中国人やペルー人の技能研修生や年少者の面倒をみるようになる私には、この時の受講は極めて有用なものとなった。このような先端をいっている機関の主要な講師による講座は、徳島ではその後今日まで開かれたことはない。日本語教室を担当して戸惑っていた私は、極めて恵まれた機会に出会わせたのであった。

最初のアメリカ人受講者

初めて教えた外国人であるという理由からだけではなく、次の二人は印象深く記憶に残る人たちだった。ノラさんとニシさんである。

ノラさんは鋭敏な人だった。日本語の上達は遅かったが、困難にめげないアメリカ人らしい前進的な性格の持ち主だった。だいたい日本に来た西欧人の多くが日本語の学習にあまり熱心でないのは、彼らに接する日本人が無理をして英語で話しかけるからである。

ノラさんは、日本へ来たとき日本人は英語を使う人種だと思った、と言っていた。街頭にも印刷物にも英語とローマ字が氾濫しているからだった。そして英語が解らないのになぜ英語の看板を出すのか、といって不思議がっていた。

鴨島町の山沿いの路を散歩して、美しい風景に恵まれた土地にどうしてこんなに野犬や野良猫が多いのか、といって憤慨していた。彼女は日本人が空き家にしてあった昔の農家を借りて住み、何十匹という捨て犬や捨て猫を拾ってきて広い庭先で飼っていた。

役場へ相談したら、引き取りましょう、と言われて喜んでいたが、保健所で殺処分するのだということを知って持っていくのをやめてしまった。広報誌や新聞に、捨て犬をしないで、と何度も訴えていたが、野犬の数は増える一方である。私も一度相談を受けたことがあるがどうすることもできない。ノラさんのように、月何万円もの餌代を都合することもできない。こんなことには日本の国際交流は何の役にもたたない。ただ、協会員のなかの二、三人が、ノラさんの犬を引き取って、ノラさんがその行為にひどく感謝していたのが救いだった。

ノラさんは四月から徳島の大学の英語の講師をすることになり、日本語教室から去っていった。私が教えたのは正味三か月ほどであったが、送別会の席上で、「村上さんには、日本語でお世話になりました」と言ってお礼を言うのを忘れなかった。


毎週一回日本語を教えるようになり、ようやく親しくなってきた頃にもうニシさんの任期が来た。そして、その期日が迫ってきた頃、町があてがっていた彼女の粗末な一間のアパートへ荷造りの手伝いに行った。

二年間の不自由に耐えて、やがて帰国するニシさんを、私は家へ招待してささやかな送別会を催すことにした。家内が腕によりをかけて、ニシさんが好みそうな洋風の料理と、日本に来たという想い出にと日本料理の両方をつくった。一九九四年六月十二日のことである。ニシさんは、日本にいた二年間に個人の家庭に招かれたことはほとんどなかったそうで、ひどく喜んでいた。そして、

「ムラカミサント、モットハヤクカラ、シリアイニナッテイタラ、ヨカッタデス」

と言って、眼に涙を浮かべた。

後日ニシさんから手紙が来た。招待した六月十二日の翌日に書き、六月二十八日に着くように指定し

た手紙であった。二十八日はニシさんが徳島を離れた日である。
内容は次のようなものであった。

Dear Mr.& Mrs. Murakami

Thank you so much for having me for dinner on Sunday night. I had a good time.
 The meal was delicious but your hospitality was even more appreciated.
Soon I will leave Japan and who knows when I will return. At least I have
very fond memories of my time here in Kamojima.
It was nice to have met you both....It's too bad it was so late on, though.
Thanks again for opening your home to me.

Nishi Gupta

ども　ありがとう　ございました！

p.s. sorry it's late !

そして、食事の時に家内が尋ねた、ニシさんが持ってきてくれた"Banana loaf"の作り方について、材料・分量・手順とともに詳細に説明した recipe が同封してあった。

広い額、秀でた眉、高い鼻すじ、深淵のような瞳、ニシさんは全く見事な骨相の持ち主である。そして、インド人特有の褐色に輝く肌……。

清楚な相貌と艶麗といっていい姿態の醸し出すその雰囲気は、なぜか本来日本の花である紫陽花のそれを思わせるようだと家内は言う。

ただ、一見して、彼女の褐色の肌の色が、その純粋さを覆い隠すように働くのだろうか、そして、皮膚の色によって外国人を識別評価する人の多いこの国、この土地では、ニシさんの二年間の居心地はあまりよいものではなかったようだ。

いま、我が家の裏庭に咲いている紫陽花は、このときニシさんが持ってきてくれた鉢植えの株を庭へ移し替えておいたもので、もう人の背丈ほどの高さに成長して毎年見事な花をつけている。

ニシさんは、その後同じＡＥＴとして徳島へきていた英国人のアダムと婚約し、東南アジアからインド、アフリカを周遊しながらアダムの故郷イングランドへ至り、さらにロンドンに出て〝social worker〟の資格をとってアダムとの間に一子をもうけて、いまはロンドンで暮らしている。

その他受講者のエピソード

1．フィリピン人ニムファアさん

フィリピン人主婦のニムファアさんは、一九九一年に来日、二人の子どもを連れて日本語教室に来ていたが、この年六月から出席しなくなった。彼女の夫は家で電気器具店を開いていたが、姑との間がうまくゆかず、ニムファアを連れて徳島のアパートへ移ったということだった。

徳島県の山奥に「祖谷（いや）」という土地がある。県の観光宣伝では、日本三大秘境の一つとされ、渓谷で有名な「大歩危・小歩危」を形成する吉野川へ注ぐ祖谷川の上流域にある。平家落人の伝説の里であり、二〇〇メートルを深く削る祖谷谷の峡谷美に彩られた山地である。近来徳島県の各地は過疎化が進行中であり、祖谷地方は山深い奥地だけに一段とその悩みが大きく、この村の青年たちには嫁の来手がない。そこで、ネパールの娘さんたちとの集団見合いをして結婚した当事者には村からの優遇措置もあるということで、二〇組あまりの国際結婚が成立して過疎地の活性化の新しい方策の一つとして評判になっていた。私が帰郷したとき、新聞記事でそのことが大きく取り上げられていた記憶がある。しかし、その後次第に土地を離れたり帰国する人が増え、この程最後に残っていた花嫁が離婚したことが報じられていた。

文化や風俗、また気候風土の違いによる不利条件は、外国人にとっては我々が想像する以上に厳しいものであるらしい。例えば気候・気温である。何かの本に、縄文時代から弥生期にかけて、北アジアや南太平洋の島々から、そして中国大陸から多くの人びとが日本列島へ移住してきたのは、この弧状列島が住みやすい土地だったからだ、と書いてあったが、それは原始時代の地勢的な自然条件のことだろう。現代の生活様式を踏まえた気候に対する彼我の生活習慣の差は著しく異なったものとなっている。

先の木村ニムファさんの例で言うと、ニムファさんの姑はニムファさんに対して意地悪をするわけではない。しかし、冬の寒気や風の冷たさは、フィリピンで育った人には我慢の埒外《らちがい》のものであり、彼女は灯油暖房を入れても、なお外套をつけなければ震えが止まらない。しかし、彼女の夫の母は、

「こんな天気のいい日に暖房を入れている。暑くて仕方がない」

と言って暖房を切ってしまうのである。

これは話し合いによって解決する問題ではない。私は外国人と接触するうちに、日本の夏と冬の苛酷さ、とりわけ冬の日本式家屋内における寒さは極端に言えば世界一厳しいものであると悟るようになった。徳島は南国だと言われている。気温が零度に下がる日は一冬に一度か二度もあればいいほうである。カナダ人のニシさんは、零下四〇度の冬がカナダの常態であると言う。中国東北部から来た中国人は、零下四〇度や三〇度の気温の経験者である。そして、彼女らは口々に日本の冬のほうがはるかに寒いと言う。風が冷たいのか、家屋の構造が薄っぺらいのか、衣服の断寒度が違うのか、恐らくそれら全てが

当てはまるのではないか。とにかく、日本の冬は外国人にとっては寒いのである。そして、それを理解できる日本人はほとんどいないということだ。

こうした問題について、日本語教室で外国人から相談をうけることがある。それに対して私たちが出来ることは、せいぜい安い暖房器具を見つけてきて紹介するか、協会員のなかで余分な器具をもっている人から寄付してもらうくらいのことである。部分的に問題を解決できることはあっても、根本に横たわる問題の解決はできない。国際化を叫ぶのであれば、こうした問題にどう対応するかを考えておかなければならない。

もう一人のフィリッピン人主婦、マリネさんも日本語教室へ来て間もなく、神経衰弱におちいった。協会に相談して、協会員の一人に個人授業とカウンセリングをしてもらうことになったが、間もなく日本人の夫とともにフィリッピンへ一時帰国してしまった。

この年来たＡＥＴのコーリーは、冬の日本を経験し、鴨島町の小中学校に暖房設備が無いことを知って、町にかけあっていたがらちがあかず、私にむかって、

「これがアメリカなら校長はみんなクビですよ」

と息巻いていた。

日本語教室は、鴨島町「文化研修センター」の二階五号室を借りて開いているが、冬は暖房を入れて

も外套や襟巻きをしたままの外国人が多い。私はいつも生徒より早く教室へ行って、事前に部屋を暖めておくようにするしかなかった。

2．中国人主婦江本さん

江本さんは、先に触れた研修生不法就労斡旋で訴追される徳島の業者Hさんから依頼があった中国人であるが、はじめ「京子」と紹介された。後年彼女は私に「名前はまさ子です」と言ってきたが、紹介は京子で名簿上でも京子となっているので、ここでは京子の名を残している。

彼女は二か月で出席しなくなった。家を訪ねてみたが、歳とった舅さんが一人いて要領を得ない返事しかなかった。あとで聞いたところでは、どこかにアルバイトで勤め、近所の老人の家で中国語を教え、その人から日本語を習っているということであった。

後になって知ることになったが、ここでは、結婚ビザによって入国した中国人主婦は、こうした経過をたどる人が多い。その人の特性を知って、教材を工夫し、本格的に指導しようと考えだしたころ姿をみせなくなる。しかし、それについて干渉することは出来ない。来る者は拒まず、去る者は追わず、が以後日本語教室の方針となった。

いま、江本さんは町のスーパーマーケットの店員となっている。色が白くきれいな容姿をしていて客に親切なので老人のお気に入りらしい。常連の買い物客は、分からないことがあると彼女に聞くのだそうだ。江本さんは、いまでも私のことを先生と呼ぶ。二か月間だけだったこの生徒は、いま日本語はぺらぺらである。買い物に行くたびに、江本さんと話していて、私の日本語教室など何の役にたっているのだろう、といつも思う。そしてまた一方、来る人がいる間は続けなくては、とも考え直すのである。

3．ペルー人カルメンとその家族

ペルーから来たロイ、カルメン夫妻は、吉野川橋を渡って向かいの吉野町からやってくる。自転車で三〇分の距離である。この人たちは町にある教会を訪れたのが縁で、協会員でもある岩井牧師の案内で日本語教室へ出席するようになった。二人とも日本語は全然できないので、授業の合間に「あいうえお」の発音から教えることにした。ペルーの公用語はスペイン語であり私には分からない。徳島市へ出かけてスペイン語会話の本と辞書を買って来て授業に携行することにした。カルメンにも小型の和西辞書を買ってきて進呈した。なにしろムシ歯が痛くても歯医者へも行かないのである。協会員の歯医者を紹介したが、日本の医療費は高いのでと言って行かない。私は家にあるアロエの鉢を持って彼女の宿舎へ届けに行った。

教科書を買うこともできないので、一部だけ複写して与えることにした。そして理解できない言葉が出てくると自分で辞書を引くようにしむけた。こうしたことはなにかおかしい。しかし、とにかく、そうしなければ仕方がないのである。

徳島大学の日本語教授法講習会ではＶＴ（Verbo-Tonal System ＝ 言語聴覚論にもとづく音声言語指導法）やＴＰＲ（The Total Physical Response Approach ＝ 聴解と動作反応を優先した言語習得法）といった教授法の指導も受けたが、それをそのまま応用するのは難しいし効率もあがらない。その理屈を汲んで、歌を唱ったり身振りを最大限活用してぎこちない授業を続けた。そのうちに、スペイン語の語彙は「j」や「y」の発音に気をつけて、アルファベットをラテン語式に発音すれば大体の意味は通じることがわかり、「compania：コンパニィア（会社）」とか「ir de compras：イル　デ　コムプラス（買い物する）」（註：ひらがなの「る」は巻き舌音であることを示す）とかいって臆面もなくやっていた。カルメンは、意味が解ると喜んで拍手をしてくれた。ただ、私は前日にかなり予習をしておかなければならず、授業の前の晩は夜中まで辞書と首っ引きになっていた。

カルメンの夫のロイは、四か月目から来られなくなった。最初の三か月の見習い期間が過ぎると、勤務が夜勤になったからである。二人は鶏肉加工の会社に勤めており、カルメンは昼勤であるが、ロイは夜中から明け方までの労働になったようだった。夜のうちに処理した食肉を、朝の都会の市場に間に合うように出荷手配するのである。

カルメンはこのあと二年間、ときどき休みながらも顔を出す。そして、ペルーから二人の子どもをよびよせる。娘のサリーは十三歳だった。彼女は言葉が通じないので泣きながら学校が終わったあと母親と一緒に日本語教室へ通ってきた。私は日曜日に彼女の特別補習授業を行うことにした。丁度西宮の武庫川女子大を卒業して就職のために徳島へ帰ってきた重本優子さんが国際交流協会に入会し、サリーの勉強を見てくれることになった。重本さんはほぼ一年間、日曜日に自宅にサリーを呼んで英・数・国の面倒をみてくださった。中学校の先生にも恵まれた。担任の森本千恵先生は再々日本語教室へ相談に見え、私も吉野中学まで何度か出かけた。森本先生が放課後学校授業の補習を行い、日本語教室で日常会話を教えるなど分担した。現在のように、外国人や帰国子女に対する学習時の補助者や日本語補習教育の制度はまだ整っていなかったので、学校によってそうした子女に対する取り扱いもまちまちであった。

サリーは当初学校で「ウザイ、キタナイ」などとからかわれて、日本語教室に来て泣いてうち明けたこともあった。

「それはその子が悪いんだから、負けないで。サリーは可愛い顔をしているよ」

と言って私は励ました。

のちにサリーは国際交流協会が行った外国人の日本語スピーチ大会で、そのバカにした同級生が「悪かったね」といって謝ってきて、その子とは一番の仲良しになりました、という発表をした。私はああよかったと、晴れ晴れとした気持ちでその日本語のスピーチを嬉しく聴いた。

その後、サリーは外国人子女で徳島県最初の高校合格者となって、徳島新聞紙上で大きく報道される。さらに、彼女は福岡の女子大を卒業して、念願だった保母さん（保育士）になるのである。

サリーが高校三年生になったとき、ロイがカルメンと教室へ顔を出した。家を購入したいと言う。ロイ一家は工場の納屋の二階でずっと暮らしていた。サリーは日本へ来たばかりの頃、学校の先生の自宅訪問があるたびに恥ずかしいと言って、

「なぜ、うちは友達の家のように大きくないの」

と涙ぐんでロイに尋ねたという。そして、ロイは言う。一時間六〇〇円で給料は六年間一銭もあがらない。別の会社が六八〇円出すというので、今のところには悪いがかわろうと思う。会社をかわると部屋を出なければならないので融資を受けて家を建てたい、こういう条件ですが、といって相談にきた。協会の槙納会長に相談し、町住宅課などの意見を聞いてロイに伝えた。その時は、とどのつまり外国籍の者には銀行の融資がおりないことになり断念せざるをえなくなった。

その後何年かぶりに町でロイに会った。とうとう自力で家を買ったという。私は彼の手を握って祝福した。しかし、胸の中には言いようのない哀しみが湧いてきた。若かったロイは、永年夜勤と残業を通してきたためであろうか、頭は私より白くなり、歯も二、三本欠けたままになっていた。腰が痛む、と

言って老人のように身をかがめながら、私に疲れた笑顔を向けるのだった。

4．グローリアとシェリー

ジェイスンは屈強な青年であるが、グローリアとシェリーはうら若い乙女である。いずれも自転車で三〇分の距離を通ってくる。初めは雨が降ったときだけ、車で送り迎えすることにしていたが、のちには雨でなくてもそうするようになった。

そこまでしなくても、と家内は言う。しかし、暗い夜道を帰っていく姿をみると不安を感じてしまう。

私が帰って来た年、犯罪のなかったこの町に拳銃強盗による傷害事件が発生した。グローリアは自転車で帰宅の途中、若い日本人の不良にからまれたことがある。できるときにできることをやろう、と私は思った。家内に言わせると、私は大のお人好しである。

シェリーは半年通ってやめた。近くの中学校の先生が、個人的に日本語を教えてくれることになったからである。その町にも国際交流協会ができた。任期が終わってカナダへ帰ったシェリーの取り持ちで、その協会はカナダの町の団体と姉妹交流をおこなっている。

シェリーらが帰国するとき、徳島空港まで見送りにいった。日本語教室へ通っていた頃のすらりとした娘は、日本滞在の間に別人のようになっていて久しぶりに会った私を戸惑わせた。

日本語の授業に慣れてきたこの年の年末、カルメンとグローリアを食事に招待した。このとき思いがけないことを知った。グローリアは二年間ずっと教室に通ってきた。そしてこの食事の時のことがきっかけとなって、翌年から私にとって心強い協力者となってくれることになる。

この年の四月七日、小さな家庭菜園を耕している最中に私は突然倒れた。這って家の中に入ったが、天地がぐるぐる回って身を起こすこともできない。寒い。体温を測ったら三九度八分ある。近くの町医者は「メニエル症」だという。三日高熱が続いたあと三十七度台に戻るという症状が続いた。十五日、徳島市民病院の脳神経外科専門医の日下先生のところへ行った。同じ患者が何人も来て待っている。新聞社の論説委員をやっていたとか、大学を定年退官したとかいう人ばかりだった。年配の婦長からやかましく言われながら、昼まで待ってやっと診てもらえた。血液中の血小板の数が異常に多いそうで、血小板減少剤をもらって帰ってきた。日下医師は看護婦たちに、

「医者の数を増やしてもらわんと、そのうちボクが倒れるぜ」

と言いながら、町医者に手紙と処方箋を書いてくれた。町医者は、血小板減少剤以外に、相変わらず何種類もの薬をくれる。多少はましになったが気分が悪く、五月にはいると再び三日の周期で高熱が出る症状が続いた。そして、六月二十二日再度倒れた。

七月二十日、町医者には黙って共同病院へ行った。西角先生という評判の医師は、「血小板は正常値になっている。抗生物質の大量投与が行われているから、案外そのせいかも知れない。薬を飲むのを止めてみますか」

という。私は共感した。そして薬を飲むのを止めた。その日から熱が下がり、体は正常に復した。ほぼ三か月の間わたしはほとんど寝たきりの生活を続けた。その間、そしてそれ以後も、八月いっぱいは諸行事への出席は控えた。ただ、日本語教室だけは一日も休めないとの思いで這うようにして出かけていった。

AET への授業風景

平成七年（一九九五）

日本語教室の風景

受講者は、三月までは前年からの数名であった。また中国人の金さんが日本の大学進学を希望したので、一月から三月まで大学入試問題の国語や国文法を指導した。また、カルメンの息子のハロルドには仮名学習の授業を行った。

手塚さんが時々教室へ見え、また事務局の曽我部さんはほとんど毎回教室に顔を出して授業運営の便を図ってくださった。また、田村さんや虎尾恵子さんが出席することがあった。虎尾さんとは歌人の「紀野　恵」である。あとで知ったことであるが、紀野さんは、金さんに中国語を習っていたらしい。そしてこの頃、訪れた中国での思いとその情景を次のような歌に詠んでいる。

降り立ちてきのふのことはきのふとすゆめの曠野《あらの》ゆ来たりし火车（ほおちえ）

紀野さんは、わけは知らないが中国に対する強い思い入れを持っていたのだろうと思う。この歌は、大陸に関係をもつ人それぞれに深い感慨や想いを呼び起こさせる佳詠である。

歌人紀野　恵は、その活動の巾が広がるとともに、それまで続けていた協会行事への参画が途絶えてゆく。やむをえないことではあるが残念なことであった。

授業時間は従来の午後七時から八時三〇分までを踏襲したが、日本語能力の異なる新たな受講者の出席に対応するため個別の授業時間を増やした。

教科書はこれまで同様『JAPANESE　FOR　BUSYPEOPLE　ローマ字版』（国際日本語普及協会編、講談社インターナショナル発行）を使い、新入中国人に対しては手作りの日本語入門教材、試験問題などを使用していたが、ペルー人親子が加わったため、翻訳各国語版の多い『日本語の基礎』（のちに『新日本語の基礎』・スリーエーネットワーク）を四月から使用することにした。

受講者

コーリー・ジャクビャック、グロリア・オカシオ、カルメン・ニイタ、サリー、などが

前年からひ引き続いて出席、

八月からヘレン・プラット（英国・英語指導助手）、九月からミランダ・ジョゼ・エドニルソン（ブラジル・技術修習生）、メレデス・ミネアー（三加茂中学英語指導助手）などが出席した。

ミランダは徳島県蚕業技術センター（当時）へのブラジル政府からの派遣技術修習生で、同センター竹内秀人氏の依頼により日本語教室へ受け入れたひとである。熱心な学習者だったが、翌平成八年三月に政府の指示により帰国した。

開講状況

開　講　日　月曜日
授業時間　十七時三〇分〜十九時（四月以降）　中級（対象：コーリ）
十九時〜二〇時三〇分　初級

教室の窓から

日本語教室とボランティア

この年は、新年早々から忘れられない出来事があった。一月十七日、阪神淡路大震災の発生である。わたしの娘も息子も甲子園に住んでいて被害を受けた。四日後の二十一日、淡路津名港から救援物資を積んだフェリーが運航を開始したので、これを利用して家内と二人で救援に向かった。以後毎週土曜日に子どもたちの住居へ出向いていった。息子も娘も勤め先の仕事や被災者の応援のために休みなしに出勤していた。自分の家のことが出来ない彼らのために私たちが奉仕した。そしてその私たちも実にたくさんの方の善意と援助とをいただいた。

この震災において「ボランティア活動」というものが社会的に話題となり、改めて注目されるようになった。ボランティアとは何だろう。世間では無料奉仕と考えているむきがあるが私はそうではないと思う。無料か有料かは前提条件ではない。自分のできることを、できる場所において、それを必要としている人に供与することがボランティア活動なのではないか。そしてそれは、その行為の代償を期待するものではない。応報は結果である。報酬を求めてはならない。尽くすだけのものである。

これまで国際交流協会のなかにあって、自分自身の奉仕行為とその結果と応報について考えることがあった。またよく、あんなにしてあげたのになんの連絡もない、といった感情を抱いたものである。

しかし、阪神淡路大震災の経験を通して私は自分の考えの浅はかだったことを覚った。出来ることを、それを必要としている人に提供するだけのことなのだ。あとの事は関係ないのだ。

週末の西宮行きは子どもたちが転宅する二月の下旬まで続いた。そして、私は月曜日の日本語教室のために朝早く西宮を発って徳島へ帰ってくるようにした。これ以後も自分の都合で教室を休むことはしないように心掛けた。

スペイン語の助っ人

この年英語指導助手として赴任してきたコーリー（鴨島町）とグローリア（川島町）は、仲良くいつも揃って日本語教室に出席してきた。コーリーの日本語能力は高かったので、金意の特別授業が終わった三月からは、午後五時（四月以降五時半）から七時までをコーリへの授業に当てることにした。

すでに前期の三月からカルメンはサリーとハロルドを伴って出席していたが、七歳のハロルドは小学一年生からの勉強で、そう大きな不利はなく学校にも慣れて二か月ほどで教室へは来なくなったが、サリーの方は大変な苦労だった。しかし、担任の森本千恵先生の助力もあり、サリーはよく頑張り通した。そして更に、アメリカ人ＡＥＴのグローリアが、カルメン一家に対して力を貸してくれることになるのである。

グローリアは、父がドイツ人、母親がスペイン人だそうである。彼女は小さいときから、母親がスペイン語で話しかけるのを聞いて育ったという。それで、スペイン語の日常会話にはほとんど不自由をしないようになっていた。ペルーの公用語がスペイン語であることを知って、サリーが教室に来るようになると、グローリアはサリーの横に坐って、私だけでは届かない説明をスペイン語で補足してくれるようになった。英語圏の人と中国人に加え、ペルー人が出席するようになった教室で大汗をかいていた私にとって、予想外の強力な助っ人の出現であった。

日本語を介して、カルメン親子とグローリアは親密になってゆく。グローリアは教室以外にもカルメンの生活上の相談相手になっていた。グローリアとカルメンが親しくなった頃私たちは二人を自宅の食事に招待した。そしてまたグローリアとコーリー、そして九月には、徳島へ来たグローリアの家族とコーリーやジェイスンたちを自宅の日本料理に招待してその労をねぎらった。みんなとても喜んでくれた。この年のクリスマスに、グローリアの小さい妹と弟は可愛らしい絵をかいて家内宛に送ってきてくれた。添え書きに〝aunt MURAKMI へ〟と書いてあった。

その国の言葉

鴨島町国際交流協会の広報「国際交流かもじま」（一九九五年号）に、ロイ・カルメン夫妻一家の紹介記事を載せ、そのなかで私は次のように述べた。

「‥‥子供たちの健気な様子は、六月十八日の徳島新聞にも取り上げられ、〃日本語習得に意欲満々〃と報じられています。KIA（鴨島町国際交流協会）日本語教室でも、吉野中学校の担任の先生と連絡を取り合い、毎週月曜日夕方から初級日本語会話と小学国語を並行して教えています。‥‥両親から、KIAへメッセージが寄せられていますので以下に紹介いたします。‥‥メッセージはスペイン語で書かれていますので、その英訳・日本語訳を日本語教室で行いました。スペイン語の英訳についてはグローリア・オカシオさん（川島町・英語指導助手）のお世話になりました」

そして、同紙にスペイン語・英語・日本語で夫妻の挨拶を掲載した。従来掲載される外国語といえば英語だけだったが、初めて英語以外の外国語で紙面を飾ったのである。

そして、この翌年からはさらに中国語も登場することになって、鴨島町における国際化の色合いは一段と多彩なものとなってゆく。なお、サリーやハロルドと当日本語教室の現況について、七月三十一日、NHK徳島放送局放送センターの北島美穂アナウンサーによる取材があった。

私の周辺ではよく「英語ができないから教えられない」などと言われることを聞くが、英語ができなくても外国人との交流はできる。英語が国際語のようになっているため、英語偏重の現象が多く見られる。各国人には各国人の言葉がある。英語をそれ以外の言語の上位に置くような考えは間違っている。

国際語と言われる英語も、その使用圏が広いから、世界の政治経済や国際間の交流にとって便利な用具になっているだけのことである。

だが、そういう私にも苦い経験がある。キプロス出身の留学生の話を聞いたことがあるが、質問の時間に、

「キプロスの言語は何語ですか」

と、つい尋ねてしまった。私はキプロス島の人たちはギリシャ語かトルコ語か、あるいはイタリア語を喋るのだろうと思っていた。彼は、私をじっと見ながら、

「当然、キプロス語ですよ」

と答えた。私には意外だった。しかし同時に、なにか恥ずかしい質問をしたという気持を抱かないではいられなかった。日本語を教えるようになって、民族と言葉、国家と言語、民族語、母語というものへの認識を新たにしている自分が、なんというう かつな、失礼な質問をしてしまったのだろうと恥じ入るしかなかった。

のちに任期を終えてアメリカへ帰ったグローリアから絵葉書をもらった。夏休みを利用して、スペインへ旅行したようで、マドリッドの消印が押してあった。そして、それにはこんな言葉が書かれてあった。

〟I am glad because I can practice speaking Spanish.
Nobody really speaks English. ・・・〟

世界は広い。英語が全世界を覆っているという多くの日本人の考えは幻想である。

英語指導助手たちと環境問題意識

グローリアはニューヨーク、コーリーはデトロイトの近郊が故郷である。コーリーは高校・大学で日本語を選択し上手な日本語を話す。彼女らが日本へ来たときの語録が手もとに残っている。

鴨島の印象・・・山が美しい。美しい野山に日本人はなぜゴミをすてるのか。
そして野良犬がとても多いのに驚いた。可哀想だ。
アメリカは銃の国だと思われているが、私の故郷では銃を見たことはない。
家は大都会の都心から車で三〇分ぐらいの所だが、鹿やリスがいる美しいところだ。
日本の暑さと寒さの厳しいのには全く驚いた。

日本は安全な国だ。

公共交通手段の発達は素晴らしい。アメリカでは主な交通手段は車だけである。

町の人はとても親切で、私たちはラッキーだと思っている。

リサイクルシステムが充実していない。アメリカではゴミの分別は徹底している。

古新聞紙を焼くなんて考えられない。……

コーリーたちから古新聞紙の処分について相談をもちかけられたことがある。古紙の市況の悪いときで、町には古紙回収業者の姿が見えない時期だった。いろいろ聞いてみたがわからないので、町の回収に出したらどうかと話してみたが、町では回収した古新聞を焼いているからダメだと言う。燃やすと温暖化の原因になると言って出さない。愛媛県は新聞紙の再生をやっているらしい、と言うと、どこへもっていけばいいか教えて欲しい、そして、愛媛県まで自分で持って行くと言うのである。

彼女らの部屋をのぞいてみると、天井に届くほど古新聞が積んであった。彼女らはゴミの排出減少とリサイクルについて、小学生の時から徹底的に教育を受けたそうである。私は日本の地方の遅れを実感せざるをえなかった。そして同時に、環境問題に対する国や自治体の行動力のなさを認めずにはいられなかった。

思い悩んでいたとき、ビール瓶やアルミ罐の回収業者が回ってきた。事情を話すと、

「それは感心な外人だ。よし、ワシが引き取ったろう。赤字が出ても燃やさへんけん」

と言ってくれた。住所を教えると、おっさんは、

「びっくりしたらいかんから、女房といっしょに行くわ。行って英会話の練習ができるな、こら楽しみやな」

と言って笑った。そして、こんどたまったらここへ電話してくれ、といって自分の電話番号を残して行った。

数日後、コーリーたちに聞くと、全部取りに来てくれたと言って喜んでいた。私もそれを聞いて安心した。

いま古新聞紙は年二回、中学校の生徒が夏休みと冬休みに回収してくれるようになったので、我が家でもそのときまでためておく。（二十年後のいま、わが家のあたりでは中学生のいる家庭はほとんどなくなってしまった。中学校の廃品回収は今も続いているが、中学生の姿は見えず、各組の班長などが小型トラックで廻り、中学校に届けている。中学生に環境意識を植え付けるための行事ではなくなってしまっている）

金意の大学進学問題

日本語一級と大学進学総合試験に高得点で合格した金さんは徳島大学へ願書を出した。しかし、その日金さんは非常に憤慨して帰ってきた。

「もう、徳島大学へは行かない」

という。いろいろ聞き出してみると、事務局で侮辱を受けたという。私は徳島大学の入試事務局へ行ってみた。ことの次第を把握するのに二回行かなければならなかったが、結局わかったのは次のようなことだった。

金さんは主婦だった。縫製研修生として日本へきたが、そこで知り合った男性と結婚して日本に住むことになった。私の想像がいいことなのか悪いことなのかは分からないが、日本での生活水準に期待して日本人と結婚したが、平凡な地方での日常生活にあきたらず、進学する気になったのだろう。

「私も三〇歳になるまでになにか身につけておかないと」

と、しきりに言っていた。金さんの時代の中国の学制では、小学校から高校までの就学年数が日本や欧米のそれより一年短く、総合試験に合格していても大学に入る前に一年の就学期間を要するらしい。それは仕方がないとして、日本の大学へ留学するためには、就学ビザまたは留学生ビザによる入国者でなければならない。事務局では、受験の受付けはするが、合格後誰か特定の教授の保証がなければ、主婦のままでは入学が認められないのではないか、という説明をしたらしい。ところが、金さんには、合格させておきながら入学できないということが納得できなかったようだ。そして、何度も質問しているうちに、事務局側が、外国人の入学資格を決めておかないと偽装結婚して日本へやってくる外国人が多いから、というような意味のことを言ったらしい。それを金さんは、あたかも自分のことをそう言ったというふうに受けとったもののようだった。

私もいろいろ説明して、中国で留学または就学ビザを入手することを検討したら、と言ってみたが、金さんは、

「もういいです。徳島大学には行きません」

と、頑《かたくな》になっていた。彼女はその後大阪大学へも願書を出したようだった。しかし、阪大でも同様のことになったらしい。そんな折り全国の主な私大の入学説明会が徳島市で開かれ、私立大学では、総合試験に合格していれば、主婦でも入学を許可するというところがあった。金さんは、説明会で応対が親切だったからといって、そのなかから立教大学を選んだ。そして、四月から東京へ転居した。私は心配して、ご主人の許しは得ているのか尋ねたが、彼女は、主人も了解している、としか言わない。

東京へ出発する前、金さんは、そんなことは心配しなくてもいい、というのに無理に私を町内のレストランへ招待して、大枚六千円をはたいて洋食で私への感謝会を開いてくれた。東京での宿舎や学費の

ためのアルバイトは大学が世話してくれるということだった。

東京へ行ってから、無事大学へ通っていること、大学に近い女子寮に入り、近くの堅気の料理屋で女中をしているので生活費の心配はないこと、学校から育英資金をもらうことができたこと、だから先生は心配はしないでほしい、と、そんなことを電話で知らせてきた。

在学中、金さんは徳島へ帰ることはなかったようだ。金さんが卒業する年に、私は金さんの夫の家を訪ねてみた。屋敷は取り払われて更地となっていた。近所の人の話では、金さんの夫は家を処分して東京へ出ていったのだという。金さんと一緒に暮らしているのか、どうなったのか、それ以後消息は不明である。

ある人は、金さんの夫は利用されたのだという。更にそのあと金さんの夫が勤めていた会社は、中国製品の進出に伴って起こった価格破壊のあおりを受けて倒産し、工場は閉鎖されてしまった。金さんが鴨島に留まっていたとしても、一家はそのままの生活を続けることはできなかった。私が金さんに果たした役割とはなんだったのだろうか。私が手助けしなくても、金さんは東京の大学へ行っていたであろう。夫婦間のことや会社のことは私には関係のないことだとつとめて考える。しかし、教室へやってくる外国人たちに供与する便宜は、一体どんな意味をもっているのだろうと私は自問せざるをえない。

AET 授業風景

サリー・ハロルド・カルメン親子　筆者が手にしているのはインカの暦

着付け大会にて　左から　カルメン・コーリー・グローリア・家内

平成八年（一九九六）

日本語教室の風景

この年から教室の風景が一変する。二月に中国人研修生十八名が一挙に出席するようになり、その他にも中国人主婦四名、就学生一名が来るようになった。また、ベトナム人短期研修者が一時二名出席、それに前年からのＡＥＴ三名とペルー人家族、新規ＡＥＴ、研修生などの参入者を加え多数多彩な顔ぶれとなったのである。

したがって、この年からはＡＥＴなど英語圏の人とカルメン一家を一緒にして月曜日午後五時三〇分から七時まで、中国人研修生たちを同七時から九時までと二組に分けた授業形態をとることにした。ベトナムからの研修生の授業にも苦労した。講師は私一人であるから中国人研修生とともにやらざるを得ず、ベトナム人にはあらかじめ絵カードなどを複写用意しておき、それを示しながら学習を進めるようにしたが、果たして理解してもらえたかどうかはわからなかった。本当かどうかわからなかったが、不安に思って何度も説明していると、「わかります。わかりました」と言うように頷くのがいじらしかった。

教科書はこの年を機に『新日本語の基礎』を統一して使うよう切り替えた。多言語の翻訳版が揃っているのと絵カード代わりに使える挿画が多く載っているからである。

後年悩みの種となる国籍や学習歴の異なる人たちに対して、授業形態とその内容をどの様にするかという問題がこの年から生じてきた。

なお、コーリーは前年十二月実施された日本語能力試験三級、ジェイスンが同四級に合格した（コーリーは帰国後、能力試験二級を受験して合格する）。

七月からは重本優子さん、手塚功さんが出席、新規途中参加者への対応に当たってくださった。さらに重本さんには、夏休み期間中自宅でサリーへの英・数・国の補習もしていただいた。

また、本年度から事務局が中央公民館に移り、井内館長が教室の実状見学に見えたほか、事務局の藤井通博さんはほとんど毎回出席して教室運営の円滑化に尽力してくださった。

受講者

コーリー（七月帰国）、ヘレン（七月帰国）、ミランダ（三月帰国）、グローリア、

カルメン、サリー（ペルー）

ジェフェリー・ベル（アメリカ・英語指導助手）、

Pansy Lau（カナダ・英語指導助手）、Kerry Todyruik（カナダ・英語指導助手）、王梅、呂波、王誉、安蕊、王瑾、解季紅、郭小燕、張志明、楊文莉、馬莉、王明莉、和芳、陳小見、王萍、閔利、陳雪萍、王淑芳、呉芳、朱衛兵、厳冲、陸衛華、陳素平、倪剴英、顧秀菊、張瑛、石清翠、李芳（以上中国人縫製研修生）、譚銀群、管衛真、劉春花、于秋菊、段文、徐劉暄（以上中国人主婦）、何睦、朱麗学（就学生）、XUYEN（スエン）、TRANG（チュラン）（ベトナム人研修生）

開講状況

開講日　月曜日
授業時間　十七時三〇分～十九時　英語圏の人、ペルー人
　　　　　十九時　～　二十一時　中国人、ベトナム人

この年、年間を通じて出席した二十四名に協会から初級講座修了証を発行した。

教材の問題

教科書を『日本語の基礎』に切り替えたのは、この教科書には英語のほか中国語、スペイン語等多くの国の言語による翻訳教材があったからである。この三か国語の教科書を購入して使用していたが、多人数化に伴い複写して各人に配布するようにした。進んだ人が自宅で予習できるように、一課数頁分を事前に配布するようにした。複写対象は個人ひとり分とし再複写を禁じ全学習終了後は返却することを建前とした。

複写は曽我部さん藤井さんがやってくれた。中央公民館（教育委員会学習課）に移るまでは、国際交流協会の事務局は役場の産業経済課の担当であった。国際交流の事務局が産業経済課であるというところに、町が国際交流をどのような視点で考えていたのかということがうかがえる。しかし、曽我部さん藤井さん個人はともに業務に熱心な人で、国際化、情報化の問題に関心を持ち、惜しみなく日本語教室の管理運営に尽力してくださった。

協会と補助金

発足した初めの頃は、協会の活動資金は地方の活性化のために、国からの補助を受けて設立した「文化・国際交流基金」の積立金から交付されるものに頼っていた。補助金は初め年間二百万円の規模であったが、泡沫経済崩壊後の金利の低下と財政難のあおりを受けて順次削減され、私が協会理事となったこの年には、町からの補助額は年間四十八万円に減少してしまった（そして、まもなくこの額も減少、やがて打ち切りとなる）。また、平成八年からは協会の事務局が教育委員会に属する町中央公民館に移された。事務局員となった藤井さんは熱心に日本語教室の運営を助けてくださった。しかし、二年後に藤井さんが転課してからは協会と町との関係は希薄なものとなってしまう。役所の仕事は、その業務について情熱をもって取り組む人がいるかどうかによって効果の有無が決まる。この頃の国際交流協会は、県外の団体からの補助の有無によって年間行事の規模を決めている。そのような情勢の変化のなかにあって、日本語教室は一貫して変わらない方針で継続的に開催していこうと考えた。たとえ援助や補助が無くても、受講希望者がいる限り状況に応じた方法をもって学習者の便を図っていこうと決心したのである。

教室の窓から

はじめての中国人研修生

二月から出席の中国人は、町内および近郊の縫製工場に勤める「技能研修生」である。徳島県はかって養蚕が盛んな時期があり、鴨島町にも昭和三十年代まで大きい紡績工場が複数存在した。そうした関係からか町内には中小の縫製工場が沢山あった。徳島県では、こうした縫製関係の労働力として、一九九四年ごろから中国人研修生の導入が始まっていたようである。

このころ、日本円の対中国元貨幣購買力は十五倍ぐらいと言われ、徳島の中小企業では、欠乏する若年労働力の確保と労務費の低減対策として、技能研修の名のもと中国人労働者を受け入れることが盛んになっていた。日本は一般労働者の入国を認めていないので、彼らの入国資格は「技能研修生」である。一年後「技能実習生」となり給与も若干向上する。研修期間は二年、のち業者の要請が強くなり三年に延長される。

日本語教室に最初に入ってきた研修生十八名は、全員西安から来た人たちで年齢十八歳から二十六歳の女性であった。真偽のほどはわからないが、ほとんどのひとが中国でも縫製に従事していたという。私の印象に強く残っているのは、十八名全員が眼鏡をかけていないこと、真っ白ないい歯並びをしていることだった。

このあと、毎年二〇人から三〇人の新たな縫製研修生が日本語の学習に来るようになり、一〇年間に数百人の研修生と日本語を介して交流をもってきた。そして、私にとって第一期生ともいうべきこれら最初の研修生は最も印象に残る人たちとなっている。

企業側にも研修生側にも「新しきものは真面目なり」という言葉が当てはまる雰囲気があった。企業の経営状態もまだ価格破壊の影響を受けておらず、研修生に対する報酬の取扱いにも余裕を残していた。研修生の側にも、縫製技術を習得し、それを帰国後に生かそうと考えているものが多かった。中小企業でもミシンなどの種類や機能は中国にはないもので、初め彼女たちは驚いていた。そして、日本語学習の意欲も極めて高かった。

私の家の近くにあった縫製工場へ来ていた三人は、八時十五分から十七時十五分までの勤務を終え、十八時から二十一時まで残業すると、二十二時から一時間半、同室の三人で日本語の復習をしていた。彼女らは可哀想にも劣悪な宿舎環境を恥じながら、それでも私がのぞきにゆくと喜んで手製の餃子《ぎょうざ》や饅頭《まんとう》を勧めてくれるのだった。

故郷に四歳の子供と夫を残して来た二十六歳の和芳さんは、十八歳の郭小燕と十九歳の王明莉の二人を統率していた。

郭小燕は小柄な子供みたいな娘だった。みんなは彼女のことを「豆豆（トウトウ）」と渾名していた。さしずめ日本語の「小豆ちゃん」といったところらしい。いつも王明莉と行動をともにしていた。ひと月ぐらいして、二人ともはたと教室に来なくなったことがある。初めのうちは和芳さんは、身体の具合が悪いとか急用ができたからと言ってかばっていたが、どうやら豆豆は懐郷病（homesickness）に罹ったようだった。仕事もろくろく手につかず、宿舎に帰ってからはシクシク泣いてばかりいるらしかった。王明莉がずっと付き添って慰めているという。研修生は多かれ少なかれ思郷の病に陥るようだ。一か月過ぎるころ、半年、一年目というふうに周期的に愁訴の時期がやってくる。和芳さんは、

「まかせておいてください、そのうちきっと出席するようになりますから」

と、私に言うのだった。

高校を出たばかりの少女である。親元を離れて異国へ来て、心細くなるのは当然のことなのだ。わたしは、勉強を怠けていてはいけない、などと通り一遍の説教をしていた自分を反省させられた。

ある日曜日、和さんが私たち夫婦を宿舎に招いて夕食会を催してくれた。豆豆は寝床の奥でメソメソしていたが、やがて出てきて卓についた。家内が豆豆の傍に座を移して手まねで話しかけると次第にうち解けてきたようだった。私は、夜寝る前に身体を動かす何かの運動をすることを勧めた。そして、

「お母さんが恋しくなって眠られなかったら、日本語のくり返し練習をしてごらん。

きょうは、ワンさんと、コーエン　へ　いきました……、

あすは、ワンさんと、キョーシツ　に　いきます……とくり返して。

そのうちに必ずグーグー眠ってしまうから」

と言った。みんな大笑いになった。豆豆もケラケラ笑いだした。

私たちが帰るとき、郭小燕は家内に、

「オカアサン、アリガトございました」

と笑顔で挨拶していた。その後、日曜日や仕事の後に近所を散歩している王と豆豆の姿を見かけるようになった。

いまは、研修生たちは関空へ飛行機でやってくる。航空運賃も四万円ぐらいのがある。しかし、初期の頃の研修生は上海から船で神戸まで来ていた。この娘たちの場合、西安から上海まで汽車で三日、上海から神戸まで船で三日、待ち合わせ時間をいれて一週間をかけてやってきていた。航空運賃は十四万円もかかった。日本は遠い遠い憧れの異国だったのである。

この頃、西安までNTTの国際電話で通話すると、三〇分で五〇〇〇円ぐらいかかった。縫製研修生の初年度の手取り収入は四万円ぐらいしかなかったが、和芳さんは、月一回、置いてきた子供と夫に、五〇〇〇円を惜しげもなく投じて電話を掛けていた。

一度家から送ってきた写真を見せてくれたことがある。中学校の教師をしているという旦那さんが、三歳ぐらいの男の子と小さい黒板の前で写したものだった。その黒板には、

「ボクもパパも、ママを愛してるよ。ママのかえりをまってるよ」
と中国語で書いてあった。そして、和芳さんはその写真を私に見せながら涙を浮かべた。傍らで見ていた王さんと郭さんも泣いた。私も思わずもらい泣きしてしまった。

私は、彼女たちに役立つ授業をし得たのだろうか。地域社会は研修生たちに便宜を提供し得ただろうか。日本は外国人の接遇に国際化社会における義務を果たし得たのだろうか。その答は……、帰国した彼女たちだけが知っている。

この十年の間に二次産業の優位性は日本と中国との間で逆転した。和芳さんらが勤めていた会社も七年後に倒産する。

いま鴨島町内に生き残っている縫製工場は私の知っている限り三社しかない。

インターネットと日本語教室

四月、文化の森の学習情報システム〝ＣＯＭＥＴ〟が改良され、それまでパソコン通信の掲示板方式だったものから広範な情報交換と検索機能が付加されたものとなり、この年、インターネットにＣＯＭＥＴが連結され、ＣＯＭＥＴを介して電子メールを打つことができるようになった。こんにちでこそパソコンやメール、インターネットの操作は容易になっているが、当時はかなりの技術を要し、普通にはとり付き難いものであった。それで、このＣＯＭＥＴのインターネット接続機能の新設はわたしたちにとっては非常にありがたいものであった。

第一期の日本語教室の学習者だったニシさんのメールアドレスを協会の大坪さんが知っていて教えてくれた。大坪さんは歳のいった人だが、若い頃から無線通信をやっていたので通信関係には関心を抱いており、この頃すでに人に先んじてインターネット通信を手がけていた。それで、私はロンドンのニシさん宛てにメールを打ってみた。すると、一時間するかしないうちに、

〝Mr. Murakami

What a lovely surprise！

I was very happy to get your e-mail message ……〟

と返事が飛びこんできた。驚いたのは私のほうだった。インターネットの威力と国際性をこの身をもって味わうことになった。

ニシさんは、その後結婚式の写真をインターネットで送ってくれたりした。日本ではインターネット狂想曲が鳴り響いていたが、日本にいる西欧人が騒いでいるのはみたことがない。ニシさんもロンドンの学校への入学手続きは日本からインターネットでしたらしい。彼らにとってはあたりまえのことのよ

うに見えた。コンピューターもインターネットも、問題は、その高度化した情報手段を使って何をするかということであろう。

日本語教室とバス旅行

中国人研修生の来町を機に、日本語教室の外国人たちを近在の名所へ案内することを企画した。「国際交流バスツアー」と銘打った協会の行事の始まりである。事務局の公民館側では予算が無いとためらっていたが、事務局員の藤井さんが繰越金の余裕があるからやって下さいと後押ししてくれた。教室で発表するとみんな大喜びになった。

六月三十日、外国人二十五名、日本人十七名が観光バスに同乗して、早朝町役場を出発した。遊覧先は瀬戸大橋（与島）・金比羅さん・栗林公園を予定していたが、予定時間が超過して栗林公園には行けず、中国人研修生からは大いに恨まれてしまった。

コーリーやグローリアは、日本特有の案内人を先頭にしたぞろぞろ周遊を嫌って二人だけで行動していた。アメリカ人ふたりは瀬戸大橋よりも金比羅さんの方に興味を示した。金比羅さんの提灯の前で撮った実にいい顔をした二人の写真が一枚だけ残っている。

研修生たちは一月に日本へ来たばかりで日本の習慣や習俗に慣れていないので、私たちは彼女らがはぐれないように随分と気を使わなくてはならなかった。

王淑芳という十九歳の娘は、色の白い手足の長く伸びた華奢な感じの少女であった。馬莉という女性は結婚しているということだったが、心臓が弱く金比羅宮の本殿まで上がれないと言うので、家内がずっと付き添って行動を共にした。家内は、王さんが日本人の娘のように繊細だと言って、すっかり気に入ってしまったようだった。

この二人を別にして、あとの姑娘（クーニャン）たちは元気そのもの、奔放に行動するので私は心配のあまり怒鳴ってばかりいた。

うどん道場でうどん作りの実習をしたりして意外に時間をとり、金比羅さんを出たのは四時ごろだった。栗林公園見学は無理だとバスの乗務員は言う。帰路、王淑芳はじめ多くの者から遅くなってもいいから栗林公園へ行きたいとせがまれて困っていると、和芳さんや呉芳さんといった姉御格のひとが、

「先生を困らせるんじゃやない」

といって、たしなめるのであった。

早朝はひどい雨であったが、出発する頃には雨は止み、瀬戸大橋に着くころには天気はすっかり回復していた。与島から眺める青い海、白い雲、白銀色の長大橋を背景に風を帆にはらんで航行する帆船。海を知らない研修生たちはなかなかそこを動こうとはしなかった。この頃の中国人たちは写真機を持っ

ていない。私たちが、写そうか、と言うと遠慮しながらも集まってくる。そして、藤井さんは彼女らの満足がいくまで撮り続けるのだった。

瀬戸大橋の巨大な橋脚を背景に五人ほどの研修生を写した写真がある。みんな髪をなびかせて、すらりとした姿で嬉しそうに笑っている。その時はまったく気付かなかったが、そのうちの二人は、安蕊と王萍である。彼女たちはある目的をもって日本へきていたのであった。二年間の研修が終わったとき、二人は独力で「日本語能力試験一級」と「総合試験（現在は日本留学試験）」を受け、一旦帰国したあと留学生として徳島の大学に入学する。うち一人は学生時代に親しくなった日本人と結婚して大阪で家庭を持っている。そしてもう一人は、かって研修していた企業の通訳兼事務員となって会社を動かしている（のち社長に見込まれてその子息と結婚し現在もその会社を切り回しているとのことである）。

彼女らがその目的をあかしてくれていたら、私はもっと手助けすることができたのに、と後になって思う。しかし、ともかく安さんと王さんは、二年間で日本語をものにして自力で自分の意志を貫いたのである。偉いものだと思う。

王萍は、神戸淡路大震災や新潟地震の際、県内の中国人実習生に呼びかけて各二〇万円という大金を集めて被災地に送ったことが徳島新聞で報道された。

呂波という女性がいた。真っ白な肌と切れ長の眼をもった京劇に出てくる女優のような女性であった。このとき、彼女は遠慮深い態度でみんなの輪のなかになかなか入ってこなかった。その容姿からひどく目立つ存在でありながら、二十二歳のこの女性は、旅行中は印象の薄い存在であった。旅行の帰途、私は全員に、

「今日の旅行の印象や感想を寄せてほしい。協会の機関紙に掲載したいので」

と頼んでおいた。こういう場合欧米人からは決して出てこない。彼らの場合個人的に主題、目的、期日などを明示したうえで、是非をはっきりさせておく必要がある。一般的な依頼では無視されるだけである。必ず掲載することも条件である。実は全員が出してくれても困る。全員の感想文を掲載することは難しいからである。

二、三週間の間に感想文を出してくれたのは中国人数人であった。多くのものが、面白かった、旅行できたことに感謝する、といったお礼の感想文であったが、馬莉が「私たちはいろいろな方面で発展してきた日本の姿を見ることができました。日本人がそれぞれ勤勉に額に汗して自分たちの家郷を美しく築きあげて来たことを目の当たりにすることができました」と書いていたのが目を引いた。そして、この時から十数年、現在は日本へ来る中国人からこういった感想を聞くことはできなくなっている。

呂波からの感想文があった。何気なく日本文に翻訳していたが、そのうちに呂さんの文章が他の人の

ものとはひどく違っているのに気がついた。普通文に訳して協会へ出した後で私はもう一度その文章を見直してみた。

そうだ、これは「詩」だ、と私は感じた。教室で授業のあと聞いてみると、彼女は現代詩風に書いてみたという。何度も繰り返し読んでみるうちに呂さんが素晴らしい詩才の持ち主であることに気がついた。それで、私はその感想文をもう一度現代詩として翻訳し直してみた。そして、COMETの「詩の掲示板」に送信しておいた。

すぐに徳島現代詩協会の事務局長で、COMET友の会会長でもある桂　豊さんから、「素晴らしい詩ですね。原文も素晴らしいのでしょうが、村上さんの詩心を知りました」という書き込みがあった。桂さんはその後自分が主催する詩誌『詩乱』に呂さんのその詩を載せてくださった。それは「瀬戸大橋」と題する次のような詩である。

瀬　戸　大　橋

呂　　波　（訳詩：村上瑛一）

飛梭の入れ交うように車が往来している時も
そっと自分の座席に座り

そして車が動き出そうとするその時にも
まるで何も感じないかのように私の脳裏は空虚だった
早晨からの雨
雨が車窓の玻璃を軽く打っては淋（した）たっている

瀬戸大橋の壮観
壮大更なる展がりは今眼前
真っ白な橋柱は号令一下立ち並ぶ戦士の姿
一人また一人と見つづける
私は最後の一兵まで
その姿の真面目を見届けたいと思う

みはるかす天と海は一帯となって連なり
その際は望を失って見極めるすべもない

私は想起する、山清く水秀れた桂林の美称を
〝桂林山水天下に甲たり〟を
桂林の乙女の美しさもまた
この賛辞とともに遠く四海にその名を揚（たか）めたのだった

私は想起する、ここにして「瀬戸の花嫁」の佳曲を
〝瀬戸は日暮れて夕波小波〟を
人は可憐な新娘（シンニャン）の歌詞に託して
この瀬戸の形象の美を称えているのに違いない

広い広い海を跨ぐ
長い長いこの橋
これを可能にさせたものは何
この橋柱の列こそ現代の兵馬俑
これを築いた人たちの血と汗に

私は深々たる賛美と祝福を捧げよう

頭を抬げて天空を仰ぐ
流れ行く白雲をみつめる
空はあくまでも藍（あお）く
この時　この一刻
瀬戸の島々の花も草も木立も
微笑する風にうち震えている

バスはゆるやかに移動を開始し
正にその時「瀬戸の花嫁」の曲が流れてきた
私は激しい思いに胸一杯となり
曇りの晴れた玻璃をそっと閉ざし
朋友達に声を合わせて
この美妙の歌を力一杯歌うのだった

呂波はこのあとも中国人らしく力強い詩を私の求めに応じて作った。私はこの隠れた才能の詩文をつとめて原文の味を損なわないように日本語に翻訳した。特に意味を失わない限り原文の漢語をそのまま使い日本語の現代詩として発表してみた。そして、それらの詩は、COMETの広報誌、桂さんの『詩乱』、現代詩協会の詩誌『詩庵』、鴨島町民文芸誌『文芸かもじま』などに掲載されている。

なお、協会企画の在住外国人を主対象としたバス旅行は、この後平成十二年（二〇〇〇）から毎年恒例として行われるようになったが、それに参加した日本語教室のひとびとの感想文は、協会の機関誌『国際交流よしのがわ』（町時代は『国際交流かもじま』）に掲載されているので本記録ではその掲載を省略する。

経済成長と英語指導助手

この年、日本語教室へ出席していたコーリー、グローリア、それにヘレンなどが帰国した。替わって鴨島町のAETのコーリーの後任には、ジェフェリー・ベルが赴任してきた。私たちはコーリーとグローリアを家へ招いてお別れ会をした。ヘレンには四国霊場第一番札所の般若心経の経文を書いてある扇子を記念に送った。

蒸し暑い夏の日、町内にある彼女の宿舎を訪れたことがある。ヘレンはショートパンツ一つに素足で冷房は入れずに窓を開け放していた。平気で私に部屋へ入るようにすすめ、自然冷却の紅茶を入れてくれた。

私は、英国人は夏でも靴をはき身だしなみを忘れない人種だと思っていたが、そうした先入観をヘレンと接している間に改めなければならないようになっていた。英国は経済的没落を建て直そうと従来の観念を捨て去って日本からの工場誘致を図っている時期だった。ヘレンもそんな日本の社会での生活体験をしておくために、日本での英語指導助手を志望してやってきたと言っていた。彼女は元の企業に復帰するために一年で英国へ帰ることになったようだった。古きよき時代の繁栄国家の奢りを捨て去り、真剣に働く新しい英国人の姿がそこにあった。

ヘレンは日本の生活環境の悪条件や、社会の後進性に対する批判をしたことはなかった。彼女は与えられた悪条件のなかで平然としてそれに適応して生活していた。日本では、「英国病」などという言葉が流行ったりしていたが、私はかつて七つの海を支配した民族の血の流れをヘレンの姿の中に見たような気がする。

ヘレンは、〝John　Bull〟という言葉を知らないと言っていたが、私はジョン・ブル魂と英国人の気概はいまだ健在であると強く感じた。

同じ授業をやっていても漢字力の差は如何ともし難い。中国人研修生の方が、欧米人よりはるかに日本語の習得が早い。中国人研修生と一緒の授業では欧米人ＡＥＴは劣勢である。あるとき、ヘレンらの理解が至らなかったことについて、不用意にも私は、

「こんなことが解らないのか、中国人は皆解ったといってるよ」

と言ってしまった。グローリアは黙っていたが、

「私は、それについて先生から納得のいく説明を受けていない」

と言って、ヘレンは強く抗議した。

英国の香港返還、中国に言わせれば香港回帰が一年後に迫り、返還条件について両国の駆け引きが世界の耳目を集めていた時期であった。私は、英国人の中国人に対する敵愾心《てきがいしん》のようなものをヘレンの抗議から読みとった。

日本の地方の小さな町の日本語教室の窓の内側にも国際化時代の軋轢《あつれき》が渦巻いていることを私は感じないではいられなかった。そして、同じ問題が中国人研修生と日本企業の間に生れ、同時に日本の産業力の弱体化と中国製品の進出がもたらす大きな影響が、この後この地方の経営体にのしかかってくるのである。

香港返還の前に徳島の地方町議会で香港旅行に出かけたところがあった。町民の非難に応えてその議

員連は、歴史的出来事の地を視察して議会運営の参考にすると答えていた。日本の「香港問題」が足下に生じてきていることを知らないのだ。

コーリーの後任のジェフェリーは、英語指導助手として来日し日本語や日本文化に親しんだあと日本の企業で働きたいと言っていた。日本の高度経済成長が外国人に対して及ぼしている影響の強さを私はこのことから知って驚いたことだった。

ジェフェリーが来たとき交流協会の数人が町の職員と共に徳島空港へ迎えに行った。私も同行したが帰りにみんなの乗った車とはぐれてしまった。町役場の教育委員会に行くとみんなは私より一足早く着いていた。

「やっぱり、高速は早いな。村上さんは国道でしょう」

と、誰かが言った。

全国で高速道路のない唯一の県に部分的な高速道路が建設されたところだった。

「どうですか、徳島の印象は。いい道路でしょう」

と町会議員がジェフェリーに聞いていた。何回聞いてもジェフェリーは何を聞かれているのかその意味が解からなかったようである。ジェフェリーは走った道路が高速道路とは思っていなかったのである。

「ジェフェリーの町と姉妹都市になったら」

と誰かが言った。

「ミネアポリスの人口は百万ですよ」

と私が言うと、みんな黙ってしまった。

協会の一部の人たちは姉妹都市を作りたがっていた。それはアメリカかカナダでないといけないらしい。アメリカかカナダならどこの都市でもいいという。目的はそこへ行き来して英語で喋ることであるらしい。

国際間の交流が激しくなり交通手段とインターネットの発達した現在、かっての姉妹都市交流の意義について疑念が出てきている。財政難も手伝って結んだ姉妹都市の解消を図る都市が現れだしている。

私たちの身の回りの国際化問題とは何なのか、私は考え込んでしまう。

中国人研修生と電脳交響楽団演奏会

十月十三日、文化の森で行われた「第四回電脳交響楽団演奏会」に日本語教室の中国人研修生十八人を連れていった。文化の森は徳島では出色の文化施設集合公園である。初めて訪れた研修生はその規模と内容と雰囲気に内心驚いたようだった。

ある研修生は、ここを「可謂〝倚山傍水〟」（いわゆる、「山に依って水に沿う」佳景の地）と表現し、また「放眼望去、海闊天空、満目皆新」（遠くを望みやれば、天地は広々として眼に見るものすべて新鮮）と賞讃した。

また、ある者は図書館について、「図書館は、優れて一つの知識の海洋のようでした。大勢の人は皆倦《う》むことなく熱心に図書を閲覧し続け帰るに忍びなく、また帰るのを忘れたかのように知識の海洋の中を遊弋《ゆうよく》し続けていたのでした」と感想を綴っている。

そして、多くの研修生から寄せられた感想文を読んで、私はその文章力の確かなことと表現の見事にすっかり驚嘆させられた。これが十八、九歳の娘の文章かと驚きを新たにしたのであった。日本人には大仰と受けとられている漢文は、彼らにとっては平易な日常表現にすぎないのである。漢語表現が日本語の「ブラックボックス化」、あるいは「カセット効果」による曖昧さをもたらしたとする見解があるが、それは現代日本人の漢字の意味についての知識の欠如からくるものであって、漢字そのものの曖昧さを指摘するものではない。

むしろ、いまどうしようもないほど氾濫しているカタカナ英語とローマ字言葉こそ現代日本人の言葉に対する安易な「カセット（宝石箱）」感覚の産物ではないのか。

私には漢字を忘れ漢字を制限したところから、日本語の表現力の低下が始まったように思われてしかたがない。

二十一世紀館の多田さんが最前列の席を研修生のために空けておいてくださった。司会の桂さんが開演の挨拶で、

「この演奏会も国際化してきました。今日はここに中国の方がたくさん聴きにこられています。中国人の方々、恐れ入りますがちょっとお立ち下さい。また、この人たちを文化の森に招待され、また日常いろいろと便宜をはかっていらっしゃる当COMET友の会の会員でもある村上さんです」

といってみんなを紹介してくださった。会場の聴衆から大きな拍手がおこった。研修生たちも私もびっくりしてしまった。なお、「電脳」というのは〝computer〟の中国語で、当初「コンピューター・ミュージック・コンサート」と呼んでいた音楽会を「電脳交響楽団演奏会」というある響きをもつ呼称にしたのも桂さんである。

今年の電脳音楽祭の主題は「天と地の音楽」であった。快晴の天空、電光と雷鳴、嵐と豪雨、そしてふたたび輝き渡る大空と大海。気象台の記録（データ）を計数（デジタル）化して音符に変換し音楽に編成する。それを鳴門をはじめ県内の地勢や風光を電子映像（コンピューター・グラフィック）化した画面を背景にして流すのである。

「天と地の楽曲」が、目まぐるしく変転する大画面の風景の中に轟き渡る‥‥。

はじめて電子音楽の創出過程とその実演効果に接した研修生たちからは、驚きと感動を示す過大ともいえる感想が寄せられた。そのなかにひときわ目立つ、また彼女らの心情を端的に集約して示した感想文があった。呂波の散文詩がそれである。

電脳交響楽

呂波（訳：村上瑛一）

天！　それは暗く沈々（しんしん）として雨を降らさんばかり
地！　来々往々する車輛は肩を擦り合わさんばかり
風！　それは涼（つめ）たく颯々として…だが優しく吹いて来る
どれほどの時間が過ぎたのだろう　萎縮して不安の思いは拡がるばかり
そうして…私は文化の森にやってきた
電脳音楽とは一体何なのか　伝統の音楽とは一体何が違うのか
弾、打、拍、敲をもって音符組成に加えること
音楽とは…本来そうしたものでは無かったのか

そんな思いも束の間　私は只進み　いつか何台かの電脳を連ねた会場に立っていた
表現しようのない興奮　それが私の心頭をかけめぐる
ままよ！とばかり張り椅子に腰かける　そして・・・・音楽会は始まった
演奏者と娘達は何を話しているのだろう　何を唱っているのだろう
何をどう操作しているのだろう　すべて・・・・私には解らない
しかしかって訪れたとき　優しく包んでくれた鳴門の海をめぐる景色
その風光が再び眼前に展開したとき　この心は言いようもなく激しく揺れ動く
大いなる海・・・それはひたすら　波涛逆巻き澎湃として騒ぎ湧き立っている
だが・・・・そして私は知っている
あの楊柳のように撓む一本の木の梢の陰に　一対の小鳥が難を避けていることを
この危難の時になんと庇い合い気遣い合っていることか
まるで恋人同士のように
この冷落の大海の風景を私は決して忘れることはない
暴風雨はやがて過ぎ去り　風は凪ぎ波は静まる
耐え忍ぶのだ！　待ち続けるのだ！　吾が朋友（とも）たちよ

これが・・・蛍光屏（スクリーン）に写し出された
天と地の映像への私のささやかな反応だ
朗らかな音楽の節奏（リズム）　優美な旋律（メロディー）
全方位から包み込む音響の中　大自然は全く鮮やかに　眩ゆいばかりに輝き
芸術的形象は生き生きとして人に迫ってくる
拍手の音と称賛の声が沸き起るとき　一体誰が思い到ろうか
この一幅の壮観な画面の編製が　音の響きが
僅かに電脳の鍵盤（キー）の　その操作の結果に過ぎないことを
私は・・・・ただ茫然とするほかはない
二十一世紀の縁辺に立つ今　私たちは未来に向かって邁進する
英智ある人間の絢爛たる夢は現実のものになろうとしている
そして・・・それが世界に実現することを信じよう！
朋友たちよ　努めよう！
二十一世紀・・・・　この素晴らしい時代は
私たちが切り拓くのを待っている

創造にとりかかるのを待っている

電脳交響楽団演奏会は中国人研修生には大きい衝撃を与えたようである。この詩のほか、四編（四社から）の感想文が寄せられ、その文章も極めて印象深いものであったので、全文を国際交流協会の「会員だより」の別冊として編集し会員や関係者に配布した。

呂波の詩は、文化の森ＣＯＭＥＴ友の会の機関誌「ＣＯＭＥＴ」に掲載され、翌年の電脳音楽会で、会員が作曲した電脳音楽を背景に、呂波と和芳が中国語と日本語で朗読することになる。

彼女たちが初めてコンピュータ音楽に接してどう感じたか、また、大震災の後だったためにそこには私たちが思ってもみなかった視点が示されていて興味深い。

馬莉さんの感想文を次に付記しておく。

錦秋十月は収穫の季節です。我々数人は幸いにも徳島県立21世紀館主催の第四回電脳交響楽団演奏会「天と地の音楽」に参加することができました。

第1部　［天と地の音楽］〝雷と地震のデータで音楽〟は、我々をして災害に遭遇した日本人が如何に堅強であるかを知らしめるものでした。

第2部　［インターネット］　〃楽しい音楽ホームページ〃は最高の大自然の賛歌です。
第3部　［ＭＩＤＩコンサート］　〃作品発表とライブのコーナー〃では整然たる音楽会の場が我々に発展する日本の姿を十分に知らしめました。
　今日のような社会では電脳が各家庭の中に配置集積され、日本人はその熟練した技術をもって電脳と音楽を融和一体化し、極めて優美に大自然の賛歌を奏で謳い出しています。
　午後時間が来て、私たちは21世紀館を離れ難く思う気持ちで一杯でした。一同共に明年の電脳交響楽団演奏会が円満に成功することを祈念せずにはいられません。

（原文中国語、訳：村上）

　また前に触れた、文化の森の佇まいを見て「倚山而立，前面流過一条長河．可謂〃倚山傍水〃了」（山に寄り添って立ち、前面には一条の長河が流れている。いわゆる「山に依って水に沿う」ところです）と称賛したのは関利という研修生であるが、関利はその後、二十一世紀館のパソコン教室へ通い、パソコン操作を習得して故郷の恋人とe-mailを交わすようになる。
　関利については今も記憶に残る日本語教室を介してのある出来事（見知らぬ人との出会い）があった。そして、偶然のようにみえることが深い因縁や運命ともいえることと結びついていることを私は知った。

日本語教室の存在もまたそうした「結縁《けちえん》」の一端を担っていることを覚った出来事であった。その事はいまも私への繋がりをもって続いているが、ただあまりにも個人的な問題になるのでここではその中身には触れないこととしたい。

さまざまな人と人との交流を内包し日本語教室はまた変わらぬ歩みを続けてゆく。

その他の出来事

1．餃子講習会

鴨島町在住の山崎憲一氏（JAICA・高松支所勤務）のご好意により、国際交流事業に対するJAICAからの補助が受けられ、十一月二十四日、鴨島町中央公民館で「国際交流のつどい」（中国事情の講演会）と中国餃子の「料理講習会」を開くことができた。日本語教室の和芳さんを長として中国研修生たちがその講師となり、ＡＥＴや大勢の地元の参加者を得て盛況かつ親密感あふれる催しを持つことができた。町における異文化交流の始まりをなす行事であった。料理会には家内と小林由美さんが中国研修生に交じって、施設の勝手が分からない研修生たちの支度を手助けした。「ひとつも美味しくないじゃないの」と陰で酷評するひとがいた。餃子は中国人にとっては主食みたいなものである。日本人の副食と見なす感覚とは別である。また、気候の関係からかニラやニンニクの使用が多く、主食であるから肉は少ない。研修生達は初めは自分たち流儀の餡と味付けにしていたが、こうした日本人の感覚を知ったのか、のちには日本人むけに別に味付した餃子を作ってくれるようになったのはいじらしいことであった。

2．研修職務試験

初めは知らなかったが、縫製研修生たちは研修一年後に職務日本語と実技の試験があるということを聞かされた。業者のほうでもどういう内容のものかが分からず、それを聞いたのは試験の一か月前ぐらいであったが、日本語を教えている立前上放置しているわけにもゆかず、日本語教室出席者の各企業を回って作業終了後に縫製に関する日本語の教授・講習をおこなった。県立図書館へ行き縫製関係用語の中国語関係資料を探して準備した。このときは同時に来た研修生中三名が不合格となったと聞いたが、日本語教室へ来ている研修生たちは全員合格したと聞いて安堵した。

その後この制度とその内容がわかり、数年間は日本語教室でもこの対策補習を行うことにした。

3．逃亡者

中国人主婦のうち六月から出席し七月二十九日に不意に姿を消したものがいる。家から帰ってこないという問い合わせを受け、道に迷ったのではないかと藤井さん、手塚さんらと駅や街中を深夜まで探した。結婚ビザあるいは研修ビザで日本へ来て、ある期間準備を調え、更なる稼ぎのために逐電するものがあることは聞いていたが、これは日本語教室にとっては初めての経験だった。そして、こうした問題に対してはわれわれは無力であることを知らされることになった。

ただ、この事件以後日本語の授業の合間に都会の危険性や合法的生活の必要性を意識的に、しかしそれとなく特に女性研修生たちに話すことにした。

最初の中国人研修生の授業風景

コーリとグローリア

金比羅本宮前

村上・王・カルメン・グロリア・陳・安

12.16 修了記念

第４回 電脳交響楽団演奏会　1996·10·13　於 徳島県文化の森

文化の森に日本語教室より出演

平成九年（一九九七）

日本語教室の風景

この年も多くの中国人研修生が日本語教室に出席する。鴨島町（またその近郊）の縫製業者は前年まで徳島市の「アパレル産業協同組合」に加盟しており、中国からの縫製研修生の受け入れはこの協同組合を通じて行っていた。研修生の受け入れに当たっては、日本語をはじめ保健衛生、交通安全、生活などの受け入れ教育をすることとなっており、業者は徳島市にある県工業試験場(後に工業技術センター)の施設を借りて行っていた。鴨島町近在の各業者の間ではそれを鴨島町で行ってほしいという要望が強くなり、代表会社から当日本語教室への出席可否についての打診があった。したがって協会事務局では業者への便宜を考慮して、二月十五日付けで「本年度初級日本語教室の開催ご通知」という案内文書を関係六社に送付した。

また、この年四月から一般受講者および研修生と別けて、ＡＥＴなど英語圏の受講者を月曜日午後五時三〇分から七時までとし、午後七時から九時までを前年からの研修生の授業に当て、新入初心者の研修生はまとめて金曜日午後七時から九時までと週に二日授業を行う方式に切り替えた。ただし、これは業者が行う中国人研修者の受け入れ教育ではなく、新入国研修者が日本語を更に学習するするための便宜を供与するものであった。しかし、教室においては、異なる学習歴の受講者が任意の時期に教室に参加するという現象が生じ、多様な受講者の対応に苦しむ事態がこの年から現れはじめることになった。

受講者

カルメン、サリー、ジェフェリー・ベル
和芳、郭小燕、王明莉、王梅、呂波、王誉、陳雪萍、王淑芳、呉芳、管衛真、段文（以上前年度からの受講者）
杜紅娥、王瑩、金紅棉、張靜、呂驪、黄如捷、馬宏玉、師美玲、王娟花、姚楠、羅衛紅、陳茹、劉秀梅、段友誼、董丹、楊玲玲、楊和風、金腊棉、呉軍、呉哲、拜杰、崔永杰、呉莉、呉慧、周蘭芳、擢益華、丹暁紅（以上中国女性研修生先入組）
顧燕、陳雲、顧淑娟、劉培霞、黄娟、劉君莉、崔少維、趙艶紅（以上中国女性研修生後入組）
馮小燕（主婦）

開講状況

開　講　日　月曜日
授業時間　十七時三〇分～十九時　英語圏・ペルー人
　　　　　十九時　～　二十一時　前年以前からの中国人研修生
開　講　日　金曜日
授業時間　十九時　～　二十一時　新規来日研修生

この年も年間を通じて出席した九名に初級講座修了証、また二年間学習者九名に日本語初級修了証を発行した。（註：継続して受講した受講者への修了証の発行は、この年以後は受講生の出入りや出席率がまちまちとなってきて、統一的な授業をすることは困難になったので本年をもって終わりとした）

町内縫製企業組合の研修生導入日本語教育

受講者①　二十一名（氏名省略）西安から　対象：婦人子供服製造業研修生
日　　時　一月二十八日～二月十日　九時～十七時
場　　所　鴨島町中央公民館

受講者②　三十六名（氏名省略）西安から　対象：婦人子供服製造業研修生
日　時　十月二十二日〜十一月六日　九時〜十七時
場　所　鴨島町中央公民館

企業の研修生受け入れ時の日本語教育

鴨島町の縫製業者（同一組合傘下の近郊業者も）は、この前年から徳島で受け入れ時教育を行ったが、約二週間研修生を徳島市内のホテルに宿泊させたので、一社あたり数十万円の費用を要したという。それで、鴨島町のN社が音頭をとり、鴨島を「アパレル産業協同組合」の分場として鴨島町内で教育することとなった。

徳島市には、県の国際交流協会の日本語教室が開設され、職業的日本語教師もいたが、この地域にはそうした機関はなかった。業者が町役場に相談した結果、井内公民館長と槙納国際交流協会長を通じて依頼があり、国際研修協力機構への事務手続を経て当日本語教室が日本語教育に当たることになった。しかし、協会側でも昼間業務に従事している人はこれに対応することは出来ない。もともと日本語教室の開講を夜間に設定しているのもそのためであった。そして、その夜間にも恒常的に授業してくれる人はいなくなっていた。そこで、この場合も退職して職を持たない私がそれに従事するしかなかった。研修生受け入れの際、企業は来日研修生に交通安全、保健衛生、生活、そして日本語教育を行うことが義務づけられている。講習は一日八時間、約一〇日間を要する。

協会としても、初め企業から打診があった際、事情が分からず日本語教室の案内を各企業に送った。また鴨島の研修生受け入れ代表のN社の社長も、当初鴨島日本語教室をそのまま利用することを考えていたらしいが、国際研修協力機構の定める研修生教育の内容が分かって協会としてはそうすることを断った。教室には研修生以外の学習者がおり、企業の研修機関となることができないのは自明の理であるからである。したがって本教室では、研修生が日本語の学習を続けるために教室へ出席することは自由であるが、研修日本語教育そのものは日本語教室では行わないこととして両者を区別してきた。

本年初回の研修生受け入れ日本語教育は、文化研修センターとは別個に、町中央公民館で一月二十八日から二月十日まで、および十月二十二日から十一月六日までの期間にそれぞれ正味六〇時間（会社側においてこれ以外に二〇時間）の講習を行った。鴨島町での受講者は、一月来日組・六社二十一名、十月来日組・三十六名であった。研修生の出身地はすべて西安であった。

徳島の日本語学校

鴨島町にはかつて日本語学校があり就学生に日本語教育を行っていたが、平成四年に寄宿舎から出火して全焼し、以降町民の反対で再建できず学校は徳島市内へ移転した。

この徳島日本語学校は鴨島町の歯科医師が経営していたが、協会のある人を介して学校の事務局をやってほしいとの依頼があった。徳島へ行って内容を調べてみると、大学志望の外国人就学生のための日本語学校であるが、実際業務は就学生の入国から生活補助、大学入学時の保証や生活のための就職の世話までも含む広範な内容のものであった。そして、それを仲介した協会幹部の男性はボランティアとしてやってほしいというのである。協会の人からの誘いでもあり始めは判断に迷った。

学校へ行き総務部長という人の話を聞いて外へ出てきたとき、親しそうに挨拶して近づいてきた女性があった。会ったことのあるひとだが名前を思い出せないでいると、先方は「村上さんですね」という。そして、徳島大学であった国際日本語普及協会の西尾珪子先生の日本語教師の講習で一緒だったと説明してくれた。男は私ひとりだったので覚えていてくれたのであろう。私は彼女にも様子を聞いてみた。

そのひとは、

「実はわたしは荷が重すぎて辞めたいと思っているが辞められない。後のひとがいないからです。村上さんが来てくださると私は嬉しいですが、しかし、村上さんに来てくださいとは言えません」と言うのだった。私は総務部長の話と彼女の話を聞いて心が決まった。その日家に帰ってから経営者の歯科医師に電話して断った。

中国をはじめ東アジアの国からさまざまな形で日本への入国者が増加している時期であった。そして、それへの支援行為や逆にそれを利用する営利的行為が並存していた。そしてまた、その両者の行為の境界が不明瞭になってきた時期でもあった。更に、当然そこにはさまざまな問題や軋轢が生じるようになっていた。後年、ある中部の県で研修受け入れ団体が研修生への給与を横領したり、北日本の短期大学が大量の就学生を受け入れ破綻したというような事件が生じてくる。

もしこのとき引き受けていたら、私は今の日本語教室を今日まで続けていることは出来なかったであろう。この年に発生した阪神淡路大震災を契機としてボランティア活動が世間の注目を浴び、ボランティアという言葉が流行した。私に話を持ちかけてきた男性は、私がそれに（日本語教室もまた）ボランティアで（無償で）従事することが当然だと考えていた節がある。

私はこのとき以降、鴨島町国際交流協会の日本語教室を自分の場として、日本語を習得したいという外国人希望者に便宜を供与することに専念することを決心した。

そして、徳島の日本語学校は間もなく閉校する。

一方、外国人の中にはさまざまな思惑をもって教室に来る者もいる。しかし、当方では「来る者は拒まず、去る者は追わず」という方針で、そのときできる最善の教授に傾注することにした。継続して手伝ってくれる人はなかったが一人でもやっていこうと心に決めた。

一方、協会を通じて依頼のある鴨島町関係縫製業研修生に対する日本語教育は、日本語教室とは別に引き受けることとした。その後、この地区でも研修生が初期の縫製業主体から、土木、鉄工、食品などその他の業種に拡大されるようになり、組合も逐次分離零細化していった。受け入れ研修生に対する日本語教育も、それぞれが自前で実施したり、それを業とする個人も出てきて、協会に対する日本語教育の依頼も平成十二年までで、それ以降は途絶えた。私が協会の業務として研修生導入日本語教育に当った研修生数は三百四十六名である。

このたった四年の間に、中国人研修生とそれを取りまく縫製業界ならびに諸種企業の経営環境と研修生受け入れ教育の様相は大きく変化していったのであった。

「春節晩会」

「鴨島シネマ」という町にただ一つの映画館があった。その経営者、川真田さんというひとは来日中国人に好意をもち、旧正月…中国の「春節」…の前日「除夕」（大晦日）に北京電視台（テレビ局）で行われる「春節晩会」（註：ＮＨＫの紅白歌合戦のようなもの）の実況放送を受信して映画館の蛍光屏（銀幕・スクリーン）に放映し、中国人留学生や研修生を招待して映画館を無料で開放していた。二月七日、企業の社長に頼まれ、私は教室の研修生たちを連れて鴨島シネマへ案内した。そして映画が始まるとき、全体を代表して挨拶をしてくれといわれた。全体の代表ではないし、原稿なしで中国語の挨拶をする能力はなかったので辞退したが誰もやるものがない。仕方がないので日本語でやることにした。ちょうど山田琴美さんという中国生まれの日本人がいて私の話を通訳してくれた。中国研修生をめぐっての初期の関係は、このように私には訳のわからないことばかりだった。日本語教室のなかだけの関係のつもりが、受講生を介して否応なしに日常の他の行事に拡大してゆくのを避けることができないようになっていった。ただ、中国人研修生は大喜びで夜遅くまで「晩会」を楽しんでいた。

このとき知り合った山田琴美さんの夫は中国から日本へ帰化した人で町内で中華料理店を経営していたが、こののち中国人研修生の受け入れ取り次ぎ業（組合）を始める。そして日本語教育を協会に依頼してくるようになった。しかし、その後さらに縫製業組合が分裂し、小規模化した組合が多く生まれ、独自に研修生受け入れや日本語教育を始めるようになってゆく。日本語教室とは別にそれを業とする人も現れて、協会を通しての研修生受け入れ時の日本語教育は平成十二年が最後の年となった。

研修生との交流

1．研修生と「文化の森」

「春節晩会」観賞の翌日、和芳さんたちが私たち夫婦を食事に招いてくれた。夕方宿舎に行くと、鴨島シネマの川真田さんや協会の小林由美さんも招待されていた。

企業も研修生も洩らさないが、その頃研修生の手当は月に八万円、その中から中国側機関に二万円、日本側仲介機関に二万円（のち一万五千円）を差し引かれて、実手取り収入は四万円ぐらいであった。中国での申請用諸経費や渡航費用に数十万円を親戚や知り合いから借金して来ている人もあるようだった。一年後、研修生は「実習生」と名を変えて、報酬も二万円増額するらしかった。しかし、保険料とか管理費とかの新たな負担が加わり実収入に大きい増加はないようだった。

和芳、郭、王の三人は各人月一万円、計三万円を共同して食費代とし、一日交替で炊事、洗濯、掃除の仕事を担当し、生活経費と時間の節約をして、残余を全額貯金に回すという生活を送っていた。また、収入を少しでも増やすために残業または内職をして、その分も残らず貯金にまわしていた。しかし、日本語教室のある日は残業はせず、教室を終わってから十一時までの二時間を日本語の復習や内職に当てるという実にいじらしい努力を重ねていた。そんなに逼迫した生活のなかで、お礼にと、たくさんの中華料理をこしらえて招いてくれた研修生の心根に私たちは感動を覚えずにはいられなかった。

私たちには中国研修生たちの料理は食べられない。味つけと調味料が全然異なるからである。それを彼女らは知ったのであろう。この日の味は日本人向きにしてくれていた。
二、三日後、私はお返しに和芳さんら三人と電脳（パソコン）に関心をよせている他の会社の研修生六人を「文化の森」へ招待し博物館やパソコン実習室に案内した。二十一世紀館の多田繁行さん・露口幾也さんや「ＣＯＭＥＴ友の会」の桂　豊さん、伊丹誠治さんたちがわざわざ来てくれていて、パソコンの操作法の講習会を開いてくださった。
博物館では、「ここには徳島県の二千年の歴史民俗資料が整理されています」などと説明した。しかし考えてみると、この人たちは「西安」から来た人たちだった。西安には数千年前の仰韶文化の遺跡をすっぽり保存した半坡博物館や、周代からの器物や碑林の博物館がある。玄奘三蔵の「大雁塔」や玄宗・楊貴妃の「華精池」、それに秦の始皇帝陵やあの「兵馬俑」がある。二千年の歴史は彼女たちには珍しいものではないだろう。だがしかし、国際交流とはその国の歴史や文化を競い合い、また比べ合うものでもない。それをありのままに紹介して、その相互理解を深め合うことが大切なのだと思う。みんなは熱心に私の話に耳を傾けてくれていた。

電脳の実習では、インターネットのホームページで西安、北京などへ旅行できることに、驚くべき興味を示していた。「実際」と「仮想」上の現実が、双方向性をもって行き交うことに彼女らは驚嘆の色を隠さなかった。私はインターネットが国際交流協会よりもよほど強力な国際間の交流手段となることを予感した。そして、催し物と英会話と外国旅行が国際交流であると考えているのは日本人だけではないのかと思ったりしたことだった。

2．中国研修生とボウリング

ＣＯＭＥＴ友の会の一員に高宮達博さんという人がいる。電脳交響楽団演奏会で研修生と知り合い、彼女たちの起居態度に感心して、そして何よりも、呂波の詩文や彼女たちの健気さに心打たれてだろうか、みんなを招待してボウリング大会をすることを企画し、私に相談があった。私はみんなきっと喜ぶでしょう、と返答した。二月十五日、徳島市内のボウリング場で、ＣＯＭＥＴ友の会第一回のボウリング大会が挙行された。鴨島から徳島までは企業側の手で送迎してもらった。

高宮さんは中国人研修生たちが落胆しないようにと、初心者や女性には有利点を付加したり、一、二、三位と十位、十五位、二十位、二十五位、そして、どん尻の者に賞品が当たるようにしたり、各人何でもいいから何か一つ贈り物を用意しておき、一位の者から順にそれを選んでもらって帰る、そして、包みは帰ってから開ける、というような「お楽しみ」を織り込んだりして、会が楽しいものになるようにと工夫を凝らしていた。中国人たちは競技以外にこうした趣向にも非常に興味を示すのだった。百円のものでもいいから、と言ってあったが、実際には会社側も研修生に代わって彼女らが縫った衣類を提供したり、研修生自身も親から送ってきた日本人には珍しい品物を包んできたりして、逆に日本人側の楽しみを誘っていた。私も立派な絹の襟帯（リンタイ＝ネクタイ）や精巧な剪紙（チエンツィ＝切り紙細工）が当たったことがある。この会は研修生たちには好評で、その後もCOMETの定例行事として毎年開催され、研修生の送迎も会員のボランティアで行うようになった。企画者の高宮さんは、翌年「COMET・ホームページ」への書き込みで次のように語っている。

「‥‥回を重ねるごとに研修生の方の参加人数も増えていき、その内容も〃COMET・友の会主催日中友好ボウリング大会〃と言ってもおかしくない大会になってきたように思います。‥‥」

中国人研修生を主体とする日本語教室の受講生を招いてのこのボウリング大会は、その後九年間毎年継続しておこなわれ、参加した研修生たちからは沢山のお礼の手紙や感想文が寄せられている。そのうち後年のものであるが、代表的な感想文一編を選んでここに記載しておきたい。

「保齢球（ボウリング）お礼」

胸の内を打ち明けます。労を厭わずに私たちをボウリングに連れて行ってくださったこと、異国他郷の地で私たちを楽しく遊ばせてくださったこと、それを私は忘れないでしょう。楽しかった。その家郷にいるかのような暖かい味わい、これは私の終生忘れることのできない出来事です。

少し内緒の話をします。ボウリングをするのは実は初めてです。人は笑うかも知れませんが、初めは怖くて投げられませんでした。しかし、後から先生方が廻ってきて辛抱強く教えて下さいました。また上手に投げるのを見せてもらいました。毎回廻ってきて私たちに、頑張りなさいよ！　と鼓舞激励して下さいました。第一局は、私は五十四点でした。第二局では六十六点取りました。比賽（ビサイ＝競技）順位は二十三位、賞をもらうことはできませんでしたが、しかし、心の中はとても嬉しく競技を終わりました。至今還回味無窮（今になっても楽しい回想は尽きません）。

残念ながら私は日本語がとても下手です。日本語でここに充分な意を尽くすことができません。でも私はここに決意しています。一生懸命勉強と仕事に精出そうと。

日本の先進技術を学び、何時の日か祖国に報い、故郷・沈陽の振興に尽くしたいと思います。これが私の最大の念願です。どうぞご安心下さい。

ここに再び感謝の意を表します。

九九年三月　晩草

梁静

（訳：村上）

高宮さんは、この年以降もこの催しを継続してくださり、私は毎回、日本語教室の学習者をそれに招待した。上に掲げたようにほとんどの研修生が、初めてボウリングをしたことの珍しさやボウリングの経験を人生の教訓としてとらえ、自分の前向きな心情とCOMET会員への感謝を述べているのに対し、まったく予期していなかった感想文を書いた娘がいる。彼女ははじめみんなのようには感想文を出さなかった。あとになって顔を合わせたとき、私がその話を出したところすぐに書いてもってきた。時期遅れだから読み捨てておこうと思った私は、一読、うーん、と思わず唸ってしまった。その感想文は以下のようなものであった。

3．馮寧寧の随想

「保　齢　球　随　想」　　馮寧寧

この題目を先生から課されてすでに久しいが、時間が無いという口実で言い逃れして書かずにおいてきた。本来私は球技に対して殆ど興味がないのだ。どんな気持ちを述べればよいのか思いつくこともできない。その後先生からしきりに催促され、言い逃れできなくなってしまった。自身がボウリングについて知らないのが原因かも知れないが、その感覚は、生気の無い、活発さに欠けた、紳士然としたものに見える。他の人にいろいろ聞いてみたが、結果は私と観点の一致はみられなかった。これについてはもう言うのを止そう。

私の水準に至っては、一度試して知るべし、これは自分で想像していたものとは全く違ったものだ。抛りだした球は一つといえども球道を真っ直ぐに走らない。打った球が弧線を描くようでどうして好順位が得られようか。その実は、無能でのろま、長じて天性ひ弱な私であり、あの一番軽い球を取ってさえまるで鉛に似た重さを感じてしまうのだ。何度やっても巧く投げる自信は全くない。畢竟《ひっきょう》これは私の好きな運動ではない。　今もう私は自分と同じ組だった人の名前を思い出せないが、その人に少しばかり同情せざるを得ない。その時あの人は力を込めて熱心に私に投げ方を教えてくれた。しかし、私は毎回毎回その人を失望させることになってしまった。考えてみると私のように運動神経のない者に教えるのは全く頭の痛いことだろう。その人の熱心さを見て、私はふと側にいる友達に聞いてみた。私たちと一緒にしているこの人たちは一体どういう人なのかと。なんの為に一緒に投げているのだろうと。

答は簡単だった。

「全てはうまく案配されているのよ。あなたは只一緒にやっていさえすればいいの。思いっきりやっていればいいのよ！」だって。　その通りだ！

みんな第二投目に入って行った。今頃になって、どんな組分けか、一緒に参加しているのが一体どういう人なのかがやっと分かった。そしてこの活動を「ボウリング大会」と呼んでいることも分かってきた。いろいろ考えていたことがおかしくなった。人に一声かけられて行って遊んでくる。続いてやる主役は誰だか知らない。ほんとにのろまな自分で始末におえない。

入場から組分け、投球、点数評価、表彰、記念写真に到るまで、我が「ボウリング大会」は段取りよく手慣れた順序で一つ一つ進行してゆく。緩やかさの中にもまた筋道が通っている。この種々様々な人の群からは全く眼が離せない。ボウリングをすることよりも、人を見ていることの方に私は興味をそそられた。知っている人も知らない人も、みんなまるで熟知しているかのような様子であちらこちらと行き来している。音楽音、撞球音、祝福音が入り混じり、その雰囲気は人をして興奮と愉快に導いてゆく。

私を最も嬉しくさせたのは、贈り物を選ぶことができたことだ。じっと見ていると、一つ一つの贈り物が彩色された包装で、何か秘密性と興趣をそそる物となって、そうして贈り物を開くその時、人が驚きと喜びを望み与えられる様に包まれている。人はみな喜びを得ることだろう！　私は贈り物を選り出す機会を持つことも無く最後の数名の中の一人として、卓上のあまり残っていなかった物の中から、何気なく一つの物を手に取った。その時には開かず、このちょっとした喜びをまだ保留しておいて帰宅した後で一人で享受することにしよう！　と。

私の貰った物は以前から未だ見たことのないものだった。細い針金をねじった棒で一方の頭に真っ赤な半透明の正方体のものがついている。内側は銀紙で縁取りしてある。もう一方は精巧な尖った夾みになっている。よく見るととても美味しそうな棒飴のようだ。私は聖誕樹「クリスマスツリー」に飾る物かと憶測した。もう一つは衣服に飾るもので、揺れると軽い金属音がして、今はもう抱くことが難しい童心をそそるのである。これを送ってくださった人が、この品の新主人が宝石のようにそれを珍重していることを知ったなら、その人はきっと喜んでくださるに違いない。

今回の事は最後の事になるだろう。どうして最後の事になるだろうと思うようになったのかも分からない。多かれ少なかれ、まだ懐しく回顧する気持ちが有るからだろう。懐かしく思う原因はそれらの事が過ぎ去ってゆく事であるからかも知れない。且つまたそれが、少なくとも一つの情緒ある出来事だったからかも知れない。やがて時々、次から次へと想い出されて来る日本へ行った時の一つの経験として数えあげられるものとなるからかも知れない。

帰ったときはすでに深夜、車は平滑な路面上をただ走り、果てしないかのようにそのままどこまでもひたすら走り続けてゆくように思われた。遠くの山々の輪郭はもうはっきりとは見分けがつかない。見られるのは山麓の辺りのまばらな灯火だけである。車に付いてくる山々の起伏は延綿として絶えず、それを遠望しながら走り過ぎてゆく。それはあたかも天上にある夢幻の街を見るようであるが、でもはるかにそれには及ぶべくもない。みんなはすっかり疲れてしまったようだ。話す者もいない。私は頭を車窓によりかからせ、ずう一っと流されている音楽を聞きながら身をまかせていた。まさにこの時、この一つの曲は、あたかも天地を一つに溶け込ませ、思いもよらない和やかな気持ちを私にもたらすのだった。詳しくは知らないが、なんとそれはピアノ曲の「運命」だった。

朋友の言葉が耳をよぎる。「全てはうまく案配されているのよ。あなたは只一緒にやっていさえすればいいの」……。本当なの？　本当に全てはうまく案配されているの？

必要とされるのは只演技する者だけである。人生は芝居のようなものだ。一体誰がまた自由な存在でありうるだろうか？

振り返れば、天上の町々はいささかの容赦もなく車の後ろへと置き去られてゆく。手を伸ばして掴もうとしても、それは一片の色彩と化して指先からこぼれ落ち後へは何も残さない……。

筆の走りは此処まできたが、先ずは終わろう。只題名については少し説明を要する。もともと題目は「ボウリングをしての感想」であった。振り返ってボウリングが私にとって、何ほどのもので無いことに誰が気付いているだろうか。ばらばらと一通り引っかきまわして終わっただけである。

題目についてはきっぱりと改めてしまおう。「随想」としたのは、元の意が言わばふさわしくないからだ。私の随想については分けて特別に理解して欲しい。すなわち、自分が勝手に思ったことを書いただけであって、別に美的意識があってのものではないからだ。まずい作文を書く前に耳触りのよい名前にしたたけである。これは私が学校へ行っていた頃よくやっていたいつもの手口だ。お分かり頂けるだろう！　字数紙幅ともに不満足である。そして、その内容については私は再び読むに忍びない。貴方がどのように思われようと、ここに復命した事がお気に召そうと召すまいとそれは私のあずかり知らない所である。

（原文中国語・訳：村上）

馮寧寧（フォン・ニンニン）、一八歳。この痩せた線香のような四肢をした朱い唇の少女は来日以来熱心に日本語教室へ通っていた。ほとんど休むことなく出席していたのが、まる一年を過ぎた頃から来なくなった。文中の「今回の事はこれが最後の事になるだろう」とは、ボウリングだけではないことを予感していたのであろうか。二〇〇一年一月、彼女は一年を残して不意に帰国してしまった。教室でもほとんど話しをしない娘だった。彼女が残したものはこのボウリングに関するものと、同じ年の電脳音楽祭についての感想文があるだけである。その音楽会感想文は、これまでもらった数十編の感想文にはない次の一節があることによって他にぬきんでた異色の文章として記憶に残るものとなっている。

「……この度の音楽会で、わたしが最も感動したのは、音楽会の演出のために尽力されていたあの裏方の人々の働きぶりでした。あの方々の仕事に対する真面目な、責任感に溢れた精神は人をして賛嘆させずにはおかないものでした。音楽会を通して、一つ一つ、すみずみにまであの人たちの姿と影がありました・・・・」

この十年に私が接した中国人研修生数百人のなかで、詩の呂波、文の寧寧は他に抜きんでた才能の持ち主であった。この二人の研修先は山田縫製という町内の縫製工場であった。そして、私と親しい経営者の山田社長は二人は仕事面ではさっぱりだ、と言っていた。人間とは皮肉なものである。当然と言えば当然だ。企業者は仕事への目先の寄与率で人を評価する。私は彼女らの言語才能に注目する。皮肉は企業にもおよびだす。馮寧寧が帰国したその頃から県内縫製業者の経営上の破綻が表面化して来るのである。

4．電脳交響楽団演奏会への出演

この年、一九九七年（平成九年）、「文化の森・COMET友の会」の桂さんの発案・呼びかけと音楽教師の立岩さん、武市さんという音楽愛好家の支援によって、私の教室に通う中国人研修生の「第五回電脳交響楽団演奏会」への出演が実現した。それぞれが仕事後宿舎でのたった二日間のにわか練習であったが、素人ぶりがかえって演奏会に新しい風を呼びこんだようだった。

新聞や放送機関の取材もあり、COMETの機関誌「telescope」八号の編集後記は、「去年見学に来てくれてご縁が出来た鴨島町の中国研修生の方々による合唱と詩の朗読は、まったく今年の華であったといえるでしょう。彼女たちのさわやかな歌声が特に印象に残りました」

と書いている。

この日、研修生十八名は「中国」と「草原情歌」という曲を、それぞれ中国語と日本語で歌い、また、呂波の詩「電脳交響楽」を和芳さんが日本語で、呂波さんが中国語で朗読した。歌の伴奏曲は武市さんが〃MIDI〃で作編曲、朗読詩の背景音楽は同じく桂さんが作曲してくださった。国際化と情報化の波が寄せ合い、思ってもみなかった形をとって日本人と中国人の交流の姿がここ文化の森・二十一世紀館の「多目的ホール」に華開くこととなったのだった。

(註:MIDIとは、電子楽器をデジタル信号で制御するための世界統一規格のことで、二十一世紀館・COMETの「電脳交響楽団演奏会」はMIDIによって演奏しているので、この電脳音楽会も短絡的に〃MIDI:ミディ〃と略称している)

参加した中国研修生のうち、十四人から十五件の感想文が寄せられた。以下にそれらのうち一〇編ほどを選んで掲載する。

ＭＩＤＩ　御礼

「首先対文化之森２１世紀館挙辦的第五回電脳交響楽的円満結束表示深深地祝賀，同時対大力支持関心中国研修生能勾参加併演出第五回電脳交響楽的２１世紀館的全体人員和特邀佳賓武市先生立岩先生表示衷心的感謝！

初次踏入和再次踏入２１世紀館舞台的我們都対空前実況非常欽佩，在踏出会館門口之時都有〝都要回頭留恋的張望〟之感．尤其是即将帰国的我們此情更濃．在此只能対文化之森２１世紀館的超級鍵盤手們表示真誠的祝福，併祝願２１世紀館飛黄騰達。名字不一一写出，但爾們永遠在我們的美好回憶中。〝海内存知己　天涯若比隣〟。

再后．特対桂先生，森ロ小姐対我們的合唱，詩朗読的再三熱切指導表示衷心的感謝併祝願爾們再接再励創出更新更精彩的作品。」

（註：原文中国語、ただし、中国簡体字は日本漢字に変換・・・・以下同じ）

【日本語訳文】

ＭＩＤＩ　御礼（電脳交響楽団演奏会関係者の皆様へ）

何よりも先ず、文化の森２１世紀館開催の第五回電脳交響楽団演奏会が円満に終了しましたことに対し心からお祝い申し上げます。また同時に私たち中国研修生の参加について大変なお心配りとご支援を頂きましたことに、そうして第五回電脳交響楽演奏会を演出されました２１世紀館のすべての皆様、また、わざわざ私たちを歓迎して下さいました素晴らしい観客の方々、そして武市先生、立岩先生に対しまして衷心より感謝申し上げます。

初めて此処２１世紀館のホールへ足を踏み入れた時も、そしてまた再び訪れた今回も、その空前の状況に私たちは心から敬服の念を禁じ得ません。２１世紀館の玄関を出る時、私たちみんなは本当に〟都要回頭留恋的張望（皆振り返り、去るに忍びず望みやる）の感で一杯でした。とりわけもうすぐ帰国を迎える私たちにはその思いは更に一段のものがありました。今ここで私たちに出来ますのは、２１世紀館の電脳の超級の名手である皆様に心からなる祝福の気持ちを表すことだけです。また併せて２１世紀館が今後益々の飛躍と発展を遂げられますようお祈り申し上げます。お名前をいちいちは申し上げませんが、皆様方のことは私たちに素晴らしい記憶として永く留まることでしょう。〝海内存知己　天涯若比隣（世の中に知己あれば、遠く離れても隣人のごとし‥註：王勃の詩から‥）〟でございます。

最後に、特に桂先生と森口嬢には、私たちの合唱と詩の朗読について再三にわたり熱心にご指導いただき心から厚く御礼申し上げます。お二人が益々ご精励の上、新しい、素晴らしい作品を生み出して行かれますようお祈りしております。

（中国人ゲスト出演者一同　代表：和芳・呂波　訳：村上）

電脳音楽会之感　　王誉

真っ青な空に浮かんだいくつかの白い雲、
まるで藍色の空に刺繍した白い大輪の花びら．
明け方の空気の何と新鮮だこと、
それに木犀の香りまで流れてくる、
世に言う、〝木犀の花開き十里に匂い漂う〟と。
はじめての確かな砂浜での記憶、
はじめての楽しい浪しぶきの笑顔．
楽しみの時はいつも素早く過ぎ去ってしまうが、
美しい追憶はいつまでも
人の心に刻み込まれて消えはしない！
………………………
文化の森には、人々が学習するための、啓発するための、数々の文化知識が満ちている！日本の電子

企業は世界の先頭をきっている!‥‥

私は２１世紀の到来を感じないではいられなかった。‥‥未来は美しいものであるはずだ‥‥。私はこのすばらしい美しいひと時を、心の中に、本当に永遠に留めておきたいと思う。永遠に!!

電脳音楽会感想　　杜紅娥

再び２１世紀館へ足を踏み入れたい.

かくも素晴らしい、

色とりどりの演目を見せて、

人をしてかくも忘れがたい時をもって縛りつけ、

人をして深刻に引き留まらせる21世紀館へ.

‥‥只言葉を用いて深々と謝意を表するのみ‥‥。

電脳音楽会之感　　呂驪

‥‥厖大な楽隊もいないのに、美妙の音楽をどのようにして演奏できるのだろう。私は今まで、この滑稽にも似た問題を考えてもみずにきた。しかし事実は現実に起こったのだ。……

私は日本語があまり分からない。電脳に関してもあまり分からない。しかしこのことが、私が電脳音楽を鑑賞することの障害になることはない。なぜなら、音楽とは国境を有しない言語であるからだ。それは複雑な情感を伝達し、人の琴線に触れるような物語を陳述しうるのだ。そしてまたよく四季の風光景物を描写しうるのだ。だからこそ、わたしはただ21世紀館の音楽室に座って、幾台かの電脳に見入っているだけではなく、尽きない想像の空間に浸っていることができたのである。

今回の電脳音楽会を通じて、何か一種の生活的雰囲気を持ち、それでいて音楽家である人達、そしてまた余業の愛好者、それらの人々の音楽を聴き、私はそうした人達の仕事への熱情、生活に対する信条そしてまた生命に対する愛情といったものを感じないではいられなかった。そして私たち研修生の日本における生活に、はっきりとした目標を与えてくれたのだった。

私の研修はたかだか「Y縫製」と一台の縫製機の上だけに存在するものではなく、更に重要なのは、日本人のこの精神を学ぶことであり、この人達の仕事に対する誠実さ、奮迅そして研鑽ぶり、また生活上の不断の向上心と止まざる追求心を学ぶことなのだ。

私たちの日本における研修生活は、依然として極めて苦しいものがある。うん、しかしそれはここ両年の研修生活だけではない。　私は思う。きちんとした人生の路とは荊と曲折に満ちたものなのだと。

必要なのはこれら軒昂として向上を求めて止まない人達、更に私たちが知らない領域で努力を重ねている人達に思いを致すことなのだ。私は自分で自分を鼓舞することができる。「あの人達に追いついて行こう。あの人達を見習おう。……がんばれ……」と。

ＣＯＭＥＴ友の会の皆様、21世紀館の皆様　　王瑩

どうもありがとうございました．……… 文化の森は広くて美しいでした．私たちは歌を歌ったり、写真を撮ったりしました．その一日は楽しかったです．ところが皆は初めてで経験が少ないので歌が上手にできませんでした．出演にはいろいろお世話になりました．皆さんのおかげで、楽しく過ごすことができました．とてもすばらしい電脳交響楽団演奏会でした．私にとって日本での生活のいい思い出になることと思います．(原文日本語のまま)

電脳御礼　　金紅棉

今日は私が日本へ参りましてから最も楽しい日でありました。…． 文化の森２１世紀館が、私たちの為にこのような機会を与えて下さいましたことに心から感謝の意を表します。…．

初めて２１世紀館に足を踏み入れ、そこにただよう濃厚な音楽的雰囲気と、鍵盤操作の方々による素

晴らしい音楽的配合に心から敬服いたしました。私たちは初めての演唱で、あまり上手くなかったのですが、電脳操作の方々による絶妙の伴奏調節によって、本当に円満な効果を収めることができ心から嬉しく存じます。また同時に心から申し訳ない気持ちも感じております。

私たちは次の時にも、出来得れば演出に参加する希望を抱いて学習や仕事に励みたいと思います。そしてこのことが、日本で過ごす間の最も有意義な目標にもなります。それは永遠に私たちの記憶の中に刻み込まれるでしょう。

電脳交響楽曲観后感

師美玲

私は中国西安から参りました一研修生です。日本へ来て初めて電脳交響楽に接する幸いに恵まれましたことは、わたくし一生における最大の光栄です。

中国に居ました時には、私という人間は音楽に対して興味を感じないばかりか、音楽に関しては、戯曲、書物を見ることはおろか音楽の磁帯（テープ）も聴いたことがありませんでした。しかし、電脳音楽交響楽曲を鑑賞した後は、この音楽嫌いの私が次第次第に音楽を楽しむようになって来たのでした。音楽を聴いて感じ入り、それに接することは、人生における大きい楽しみであり、それはまた豊富な楽曲の中に人をして陶酔させ、一切の不愉快を忘れさせてくれます。電脳交響楽に携わっておられる皆様は、熟練した操作と精彩ある表演をもって私たちに永遠の追憶を残し留めて下さいました。私のほんの短いここ両年の日本滞在中に、更に第二回、第三回とお目にかかることが出来たらと思っています。私共はそれを期待しています。待ち望んでいます。

電脳音楽会感想　　張静

２１世紀館へ入っていくと、先ず目に飛び込んできたのは6台の電脳と高大なスクリーンでした。‥‥僅か6台の電脳によって、あの様に美しい数々の風景が映し出されるのを眺め、また心を揺り動かす音楽を聴いている中に、私は本当に日本の科学の発達と技術の先進性に心からなる感銘を覚えたのでした。

異国他郷の舞台の上にあって、私たち自身の歌を唱った時私たちの心は言いようもなく激動しました。しかも舞台下の観衆の皆様は、私たちの歌詞をご存知ないだろうにもかかわらず私たちに拍手を送ってくださり、私たちは本当に深く心を打たれました。また私たちが無事歌い終えることができたのも、私たちの前方で指揮をして下さった武市先生のお陰であることは勿論、私たちが練習したとき指揮をして下さった方、私たちが始めのころうまく唱えなかったとき、その煩わしさも厭わず、私たちを激励し一緒になって唱って下さり練習して下さった方のご助力のお陰です。私たちが本番で自分たちの祖国の歌を旨く唱えるようにと専門的に編曲して下さり、また私たちにこの度の出演の機会を与えて下さり、私たちの味のない研修生活の中に一つの美しい回憶を付け加えて下さり、滞在以後日本語の学習に努力をして下さった方のお陰です。・・・・

文化の森電脳音楽会の企画者の皆様方が更により佳い作品を創出されますよう祝願いたしております。

電脳御礼　　馬宏玉

音楽会は終わりました。でもあの優美な音色は依然として私の脳裏に今も漂っています。今でもまだ、日本の電脳音楽会の舞台に立って中国の歌曲を演唱できたことが信じられません。丁度一切のことがいま起こり終わったというのに。

電脳音楽会の会場に入っていった瞬間、私は何か一種の言い様のない激動を覚えました。もしかしたら、それはこうした出演が私にとって初めてのものだったからかも知れません。美妙な音楽の調べと一幅の美麗な画面が私たちの眼前に展現したとき、整然とした会場はしーんと静まりかえりました。そして詩情画意の（詩のような情趣と絵のような美しさに溢れた）世界に彷彿として歩み入って行ったのでした。音楽、このかくも魔力的なもの、それは深く深く私たちを引きつけて止みません。私は音楽が好きです。でもそれを鑑賞する力はありません。でも今日は本当に感動しました。優美な音色、強烈な伴奏は十分に私を興奮させました。この素晴らしい経験は将に私にとり終生の回憶となるでしょう。……

電脳音楽会之感　　黄茹捷

電脳音楽会。早くから第一次来日の研究生から聞き及んでいて、その時から何か行ってみたいという心情がありました。数台の電脳で一つの壮大な演奏団にとってかわるとは想像も出来ませんでした。あの素晴らしい電脳音楽の合成音を聞き、また更に何人かの電脳演奏家の方々の演奏を聴いて、私は一種の喜悦と興奮と感銘を感じました。

私たちは電脳音楽の実演奏に合わせるのは初めてでしたから、初めのうちはバラバラになってしまいましたが、電脳音楽室で作業して下さった方々は、その煩わしさも厭われずに伴奏して下さり、一度ダメなら、更に一度、それでもダメで、最後には作業していた方が辛抱強く手で指揮して下さいました。また私たちは違う国の者であり言語の取り交わしにも阻害がありましたが、村上先生は、〃始めの出だしを遅れないこと〃、〃声を合わせること〃、〃中間のところはすっきりと唱うこと〃などと我慢強く熱心に私たちに翻訳して下さいました。ああ、私たちはよくわかりました。皆もよく飲み込めました。電脳音楽会は各作業者の〃率先共同〃の下に成功裏に終了しました。……皆様の美しい音楽の演奏に合わせ、みんなの相互努力による中国の歌声を聴いていただいたことは、正にこれが中日の一種の無言の協力による交流であり、皆様のご努力に対する最良の一種の御礼になったものと思います。

（註：「原文日本語のまま」以外は中国語文を村上が訳したもの。王娟花など二、三のひとの文は省いた。また、記載したうち長文のものは一部文章を省略してある）

5．その他の主な出来事

○森山公民館文化祭に野木商事研修生出演　三月三十日
○日本語教室花見（初回）A組三月三十一日（月）B組四月四日（金）江川鴨島公園
○サリー・和芳・呂波・王梅　招待食事　五月四日
○呂波・王誉を栗林公園・レオマワールドへ伴う　九月二十日

縫製工場で慰安会を兼ね、東京デズニーランドへのバス旅行があった。慰安といっても一〇万円の自己負担のものである。この二人はそれに参加しなかった。費用を惜しんだのかどうか分からないが社長は困っていた。この社長とは親しかったので留守中二人の身柄をあずかることにした。前後の日、宿舎を訪ねて生活を確認し、この日は香川県の「レオマワールド」に連れていった。日本語教育を通じ、中国人研修生の生活指導を頼まれた数年の期間には、いろいろな事情のもとにこのようなさまざまな交流があった。そしてその陰には家内の助言と協力と支えがあった。

○日本語教室研修生　土成町文化祭および鴨島町文化祭に出演　十一月三日
○和芳・郭小燕・王明莉　招待食事　十一月二十三日
○和芳・呂波を文化の森・アスティ・徳島中央公園に案内（慰労会）　十二月七日
○和芳・王明莉・郭小燕・呂波をＣＯＭＥＴ友の会に招待　十二月十七日
○十二月二十一日　和芳、呂波　陳雪萍、呉芳などの帰国歓送会と忘年会を兼ねて教室一期生の三社九名を食事に招待した。山田縫製の社長夫妻も出席。彼女らが料理を造ってくれるというので二万円渡したら、町中のスーパーや店を廻って安いものを探し十三人分の材料を一万円で賄い一万円を戻してくれた。そして家内と一緒に中華風料理十五品を瞬く間に造りあげるのだった。山田社長は返礼に翌年一月十二日、会社での呂波の送別会に私たち夫婦を招待してくださった。
○日本語教室修了式　十二月二十二日

上の例のような教室以外での交流が、その時々の外国人との間で毎年続いていくことになる。

文化の森 COMET の会に出席　スタッフと郭小燕・王明莉・呂波・和芳

忘年会兼歓送会

中国料理会

――試行・多事の五年間――

平成一〇年（一九九八）～平成十四年（二〇〇二）

平成一〇年（一九九八）

日本語教室の風景

この年、中国人研修生の増加によって日本語教室在籍者は五〇名を超える人数となり、一時は金曜日初歩の組で座席が足りず他教室の机椅子を持ち込むという有り様であった。中国人以外の通常学習者は鴨島町英語指導助手のジェフェリー・ベル一人となった。

研修生もまた前々年からの学習者、一年経過の者、来日して日の浅い者と階層化してきたので、四月を機として月曜（進んだ組）、金曜（初級の組）とも時間帯を二つづつに分割して授業することにした。実質的には四学級を設けたのである。

しかし、出席する学習者の数もこの年が最高で翌年からは順次減少してゆく。英語指導助手（ＡＥＴ）もジェフェリーの後に来たオーストラリア人のコリン・ブリッジャーが最後となり、日本語教室で連続して受講する者はいなくなった、そして、以後受講者は中国人一〇名から二〇名の数で推移する。学習者の構成では、日本人と結婚した主婦の数が多くなり、また、参加時期が一年を通じてバラバラとなってきて授業のやり方に苦慮する状態が続くことになる。

英語指導助手が教室に来なくなったのには理由があるが、それは日本語教室には関係のないことに属するのでここではあえて触れない。中国人の減少は、研修者の中身の変容と日本企業（特に縫製業）の経営の悪化が原因であって、企業者側にも研修生側にも日本語の学習を「させる・する」という余裕がなくなってしまったことによる。

一国の言語に対する外国人学習者の数の大きさは、その国の政治、経済、軍事、文化などの相対的優位性の関数として現れる。日本の国の存在感の増大や国力の強化という現実問題から離れて、ただ単に外国人留学生や日本語学習者の増加を図ろうとしても、それはあまり効果をもたらすことにはならないであろう。近年、幼児期からの英語学習や英語公用語化の論議がなされているが、現在の英語指導助手制度ではその数を倍にしても小中高生の英語力の飛躍的向上は望むべくもないだろう。

鴨島町日本語教室の学習者の数は減少していったが、出席者の学習意欲や水準は以前より高くなり、近年になって「日本語能力試験」の受験希望者が現れ、その中で合格者も出るという皮肉な現象が生じてくる。

受講者

ジェフェリー・ベル、
王梅、王誉、楊文莉、段文、馮小燕、馬宏玉、師美玲、王娟花、杜紅娥、王瑩、張靜、
黄如捷、金腊棉、呉哲、拜杰、鞠涛、陶嘉華（主婦）
（以上月曜日組）
崔少維、劉君莉、趙艶紅、王金鳳、呉小玲、陳靜芳、劉艶、王耀、鹿亜娟、王凱玲、
顧燕、陳云、顧淑娟、劉培霞、宗麗君、周西栄、張錦萍、趙、
伏亜錦、劉合麗、束圓、程建貞、張芦芦、袁暁麗、尹玉芹、王錫霞、王媛、黄娟、
辺暁飛、孫郁、張楠、馮寧寧、于海軍、高慶奇、楊和風　郭麗、蘇小霞、金海燕、
宋麗君、陳偉、丁雅林、姜同広、袁于霞、魯暁会
アルケル・U・ベッキ、　コリン・ブリッジアー、　ソフィア・カー、
（以上金曜日組　但し、期中月曜日組に移った者、両方に出席した者もある）

前年、鴨島町の縫製組合が受け入れた研修生の数は二次計五十七名であった。それがこの年には三次計八十五名と増加した。それまで中国研修生の出身地は陝西省・西安であったが、今回から西安のほか遼寧省・沈陽（瀋陽）と遼陽からの組が加わった。さらにこの後の年にはその数は四組九十三名となり

全員が瀋陽からの研修生と変化してくる。言ってしまっておけば、次の二〇〇〇年（平成十二年）度には瀋陽と西安の研修生で合計百十三名に達する。この間、鴨島町および他郡所在の組合が分裂細分化して離合集散を重ねるようになり、鴨島町でも別組合に別れ、あるいは他市町の組合に走る会社が出てくる。

このように組合が分裂多様化した背景には様々な事情があるが、その背後に共通するのは、縫製業を皮切りに始まった中国製品の圧力による価格破壊という市場国際化の波であり、地方の中小企業がそれに対して生き延びようとしてとった行為の一つが組合の分裂や離合であった。より安い組合費の組合に変わるか、数社が集まって別の組合をつくることが盛んとなってゆく。研修生の出身地が変化するのも、増加した仲介業者の得手の地域からの導入に頼るようになったからである。受け入れ時の日本語の教育もそれぞれの組合や企業自身が便宜的に行うようになり、日本語に慣れた中国人主婦やそれを業とする日本人に依頼する。こうして、鴨島町の日本語教室では、二〇〇〇年を最後に縫製工場からの出席者は跡を絶ち異業種の研修生や主婦などの学習者が主体となってくる。

開講状況

開講日　月曜日

授業時間　十七時三〇分～十九時　ジェフェリー
十九時　～　二十一時　前年以前からの中国人研修生
開　講　日　金曜日
授業時間　十七時三〇分～十九時　新規来日研修生およびコリン、ソフィア
十九時　～　二十一時　約半年経過研修生

町内縫製企業組合の研修生導入日本語教育
受講者①　二十四名（氏名省略）西安から・婦人子供服製造業研修生
日　時　一月二十一日～二月五日　九時～十七時
場　所　鴨島町中央公民館
受講者②　二十二名（氏名省略）遼陽から・婦人子供服製造業研修生
日　時　四月十五日～四月二十七日　九時～十七時
場　所　鴨島町中央公民館

受講者③　三十九名（氏名省略）瀋陽・遼陽から・婦人子供服製造業研修生
日　時　十月二十二日〜十一月五日　九時〜十七時
場　所　鴨島町中央公民館

教室の窓から

日本語教室外のこと

1. ある騒動

この年の研修生のなかに、Z・Yというひとがいた。二六歳、既婚者であるが子供はいない。日本語学習の最初の日、講習場の一階の広間で何か私にもの言いたげに立っていた。私が近づくと、「さよなら」と挨拶をしたので、私も「さよなら」と言って別れた。何度かそんなことがあって、講習の最後の日、彼女は昼休みに私のところにやって来て、

「相談したいことがあります」

という。講習終了後は会社の奥さんが迎えにくるのでいま話したい、という。二人きりで一階へ下り

ていって事情を聞いた。彼女は、妊娠してしまった、という。驚いて、誰と、と聞くと、夫だ、というので私は少し安心した。彼女は、中国を出発する前気をつけていたつもりだったが、日本へ来てから例のものが全然ないという。予定日より二週間も過ぎている、という。そして、堕したいので病院へ連れていって欲しいというのだった。

中国では親が承知すれば堕胎できるのだそうで、私に親代わりになって欲しいと懇願するのである。

「私にはあなたのような娘はいないので、保険証を出したら分かってしまう」

というと、

「お金は自分で出します」

という。日本は費用が高いよ、というと泣きだしてしまった。とにかく、会社に言わないといけない、会社がきっと便宜をはかってくれるよ、というと、会社には絶対に言わないで欲しい、言えば社長の奥さんは必ず私を本国へ送り返すに違いないから、と血相をかえて懇願するのだった。

はじめ私は知らなかったが、研修生たちは日本への研修者に選ばれるため、中国側の機関に金を出すらしい。だんだん何十万円も要るようになって来て、そのために親や親戚や友達から多額の借金をしてそれに充てているようである。彼らは最初の一年はほとんど借金のために働き、二年目からの分がやっと自分の稼ぎとなるのである。

彼女は、今さら国へは帰れないという。先生がダメなら郷里から堕胎薬を取り寄せて服用する、と言い出す始末である。

困った私は、とにかく一度宿舎へ行く。そしてゆっくり相談しよう、と言ってその場を離れた。その日帰宅して妻にその話をして相談した。家内は話しを聞き終わって、「ちょっとおかしいわねえ、中国はいま一人っ子政策で、避妊法は発達している筈なのに。日本へ来て環境が変わって身体が変調してるかも知れないわねえ。二週間ぐらい狂うことだってあるわよ。その人、擬似妊娠恐怖症かも知れない」と言った。そして、私と一緒に宿舎へ行って話しを聞いてくれることになった。

二日後、研修生たちの残業があっても差し支えないように夜九時ごろ宿舎に行った。家内の言に従って、前の日に薬局で妊娠検査薬を買った。ちょうど協会の会長が薬剤師で薬局をやっている。瀬尾会長は笑いながら、

「村上さんじゃないですよね。息子さんのお嫁さんですか」

と言う。仕方がないので、他日のことも考えて名前は言わずに研修生だと事情を話した。会長は、今の試験薬は性能がよくて九十五パーセントぐらいの確かさで判るので、それでまず事実をつかんだ方がいい、と言って値段を割り引いてくれた。

初めてそんな器具をみたが、小水中の排出物を吸着反応によって検出する「ペーパークロマトグラフ

イー」の一種のようだった。私は勧めにしたがってそれを二個買った。

九時に宿舎へ行ったが、まだみんなは帰っていなかった。私の家から宿舎まで車で小一時間かかる。ドアの外で待っていると、隣の日本人の奥さんが、

「毎日残業みたいですよ。きちんと挨拶するし、いい人たちですね。ときどき餃子をくれるんですよ。もう帰って来ますよ」

といいながら私たちの時間待ちの相手をしてくれた。後で聞いたところでは、この若い奥さんは中学校の英語の先生で、彼女らと知り合いになって、日曜に自宅で中国語を教えてもらうことにしているのだそうだ。

みんなが帰ってきたのは九時半頃だった。社長の奥さんが送ってきて表通りで降ろして帰ったので私たちは顔を合わせずに済んだ。

家内は、Z・Yだけを一室に入れていろいろ中国を出発するときのことを尋ねた。私も十分な通訳はできないので、分からないことは紙に書いたり書かせたりした。例えば、月経はずばり月経であり、月経不順は中国語では月経不調らしいが、不順で十分通じる。こんなとき漢字日本語は便利である。家内は、まだ二週間にはならないようだ、と言って、検査をしてみると言った。彼女は初めは信じなかったが、とまどったのち便所へ行ってもってきた。結果は一分で出る。陰性だった。彼女は半信半疑だった

が、処方に従って三日後にもう一度自分で検査してみるように言って検査薬を渡した。彼女は料金を払うといったが、来日したばかりの中国人には、二〇〇〇円は日本人の二万円以上にも当たるので、安いからいいよ、と言って別れた。一週間後再び家内と宿舎へ行った。友達もいる前で、彼女は今度も「陰性」だったと報告した。その後一週間してもう一度宿舎へ行った。彼女は「あるべきものがあった」と言って嬉しそうに家内に報告していた。

あのとき、実際に妊娠していたらどうしただろうか。会社に頼んでみただろう。そして、その結果は……、どうなったかは分からない。家内は、最初顔をみたとき妊娠してないと思ったわ、といって仮定の話には応ぜず平然としている。

妊娠騒動はひとまず片づいたが、こうした身の上相談が次第に持ち込まれるようになってくる。例えば兄弟の来日の相談、進学相談、会社内での日本人との軋轢の相談、社長や監督者の仕打ちについての訴え……などなどである。出来ることには誠意をもって応えるように努めてきた。しかし、市井の一講師ができることの限界を忸怩《じくじ》とした思いで噛みしめなければならないことの方が多いのだった。

2．交通事故

縫製業ではないが、自転車で四十五分かけて日本語教室へきていた前年来日の研修生がいた。二人が同時に自動車事故にあって一年間入院した。一人はこの年退院して復帰したが、自転車に乗れないので日本語教室には行けない、といって通知してきた。一人は中国へ帰国した。その会社は休業中も二人に給料（研修給付金）を払ったそうである。いま、その会社は不況であえいでいる。研修生は業種の異なる関連会社の仕事に回されている。

この頃、研修生の自動車事故は非常に多かった。日本と中国で交通についてのものの考え方が異なるためだろうと思う。外出を制限するする会社もあるらしい。それがいいのかどうかは即断できない。私は研修生に日本の交通事情を口を酸っぱくして説き、注意をうながすしか他に方法がない。

3. 挫折した娘

W・Yという娘がいた。ある日の晩不意に私の家に訪ねて来た。とにかく上へあげて食事をしながら事情を聞いた。社長の受けが悪く国へ返されるかもしれない、どうしたらいいかと言う。憔悴しきっているので気休めは言えない。言葉が通じないので誤解が生じているのかも知れない。分からなければ何回でも聞きなさい。仕事を第一に考えて一生懸命やってごらん。社長もきっと解ってくれるからといったことを言う以外にいい智恵も浮かばない。

ストレスの解消にはなったのだろうか、彼女は少し元気を取り戻して帰って行った。

その後彼女は二度やって来た。だんだん気を取り直すように見えた。二年の月日が過ぎたとき、もう一年の延長はしないで中国へ帰るということを電話で知らせてきた。

彼女は日本の水に合わなかったのだろう。可哀想なことをした。私は日本語の文法参考書を餞別代わりに渡し港まで見送りに行くしか術《すべ》がなかった。

以後の年次でも、こうした落伍者や任期途中での帰国者が各期の実習生のなかでひとりぐらいの割合で出てくる。悲しいことであるが、しかし、どうすることもできない。教室に出てこなくなって、友達から後になって明かされることの方が多いのである。

4．中国人研修生と日本と私

瀋陽とは戦前日本が奉天と呼んでいた都市である。明治三十八年三月十日、日露戦役における最後の決戦「奉天の会戦」において私の祖父は死んだ。白塔で名高い遼陽は瀋陽の南五〇キロの地にあり、その郊外にはやはり激戦で有名な首山堡がある。瀋陽、遼陽からの研修生と聞いて、私は胸中にある種の感慨を抱きながらその人たちに対している自分を見出していた。研修生たちの両親は私よりずっと若い。日本との戦争のことは直接には知らない世代の人たちである。更にその親の代が日本支配時代の「満洲」を知っている。そうしたことを研修生たちは会社の日本人には決して言わない。しかし、私と親しくなってからある研修生は打ち明けてくれた。彼女が日本行きを決めたとき、その祖母は、「あんな鬼子（グイツ：日本人の蔑称）の国へは絶対に行ってはいけない」

と言って反対したというのだ。

彼女は初期研修が終了したとき、「日本の海や山は美しい。城市（市街）は干浄（清潔）です。科学技術と交通が発達しています。日本人は勤勉です。そしてとても親切です」という感想文を出し、私にそっと「おばあさん何も心配はいらないよ」と手紙を出します、と打ち明けるのだった。私は黙って聞いていたが、満洲で育った私は知っている。彼女の祖母が「日本は鬼子の国だ」と言ったのは、その実体験に基づいたものではなく、第三世代の共産政府が人心をひとつにまとめるために行っている反日歴史教育の常套語を繰り返しているに過ぎないことを。

十五、六にしか見えない少女がいた。研修生は十八歳以上の筈であるが、彼女は年をごまかしていたのだろうか。「もののけ姫」のビデオテープを貸してやったら、毎晩寝る前に観る、といってよろこんでいた。何か月も経ってテープを返してくれるとき、私に日本へ行くに当たっての「研修生心得」のような小冊子をそっと見せてくれた。それには、

「日本人はかってわが国から文化と文字を導入したが、それを自分のものとして、彼ら独自の文化・言

語を築きあげた偉大な民族である」

といった意味のことが書かれてあった。

現代の日本人には信じられないことだが、日本が漢字を中国から導入したことを認めない人がいる。そして逆に、中国から漢字を導入したことに無用の屈辱感を抱いたり、反動的に中国を蔑視あるいは無視しようとする者がいる。一方、漢字を古くさいとして、カタカナ英語を理由もなく多用する人種がいる。私はそのいずれもが誤った認識であることを、この中国の少女研修生が見せてくれた中国人の手になる「心得」の日本観からも指摘することができる。また一方、こうした日本に対する認識が表面に出し難い政治的社会的風潮になっていることを残念に思う。

驕慢と卑下、そうした属性からわれわれは脱却しなければならない。驕慢からくる他国自国への攻撃と自虐感情についても同様である。いま、彼我ともに現代人が現代の感覚と思考法で往時における考えや出来事の事実を定義し解釈し直している。だが、それによってもたらされる結果はすべて虚構のものとなることを知らなければならない。

今年の電脳交響楽団演奏会

昨年の素朴なしかし情緒あふれる合唱は、文化の森・ＣＯＭＥＴの会員や聴衆の好感と好意を喚び、この年もまた「電脳交響楽団演奏会」への出演を要請された。今年とりあげた歌は、中国の歌「相約一九九八」、立岩さんが作曲した「丹東─徳島友誼歌」、宮崎駿・久石譲「もののけ姫」の三曲だった。「相約」とは「互いの約束」という意味であり、私は、回帰した香港への思いを恋人になぞらえた「中国」の歌だと解釈した。

歌は、「おいで、おいで約束の九八／　おいで、おいで約束の一九九八／　約束は甘い春風のうち／　憧れは永遠の青春華／　こころから、こころから／　約束一年又一年／　そばにいて会えなくたって・・・」とくり返し歌っている。

「もののけ姫」は日本語、中国語両方の歌詞で唱った。中国語への翻訳は、町内の山田縫製の技術研修生・王梅（ワン・メイ）に頼んだ。この優れた日本的歌謡の味を中国語でどう表現するか、また中国語で無理なく歌えるようにと、王梅と私は何度も打ち合わせと意見交換を行った。日曜に迎えに行って私の家へ連れて来たり、残業のあとの工場の事務所で、日本語と中国語における感情と情緒の表現についての摺り合わせをくり返しおこなった。どこまでそれは表現できているのかわからない。王梅もそうだろう。どうしても中国語の感覚として翻訳しきれない日本語の一節もあった。しかし私の胸には、日本人と中国人の心の国際交流を言語を通して行ったという充実した思いが残っている。

「精　霊　公　主」　　　訳詞：王梅

張開弓箭　顫動的弦啊
那皎潔閃煉的月光就是你的心
磨練過的美麗的刀劍
那刀尖就像是你的你的側顔
懂得把悲傷和憤怒深深埋蔵在心里的是
森林的精霊
只有森林的精霊們　只有森林的精霊們

この年の研修生の合唱では、練習用に立岩さんがスタジオを貸してくださり、声楽家の奥様は日本語の歌をテープに吹き込んでくださった。また「もののけ姫」の歌唱は、文化の森野外劇場での野外活動（六月二十一日・野外コンサート）で、阿南市のオペラ楽団の歌手畭尾《はりお》さんが歌ってくださったものを手本にした。

武市さんは、立岩さんと共に、わざわざ鴨島町まで稽古をつけに来てくださった。

下記の感想文は、研修生から二社の会社単位で出されてきたものである。

電脳交響楽之感

21世紀館の先生方　皆様ご機嫌如何でございますか．

私達はこの度の電脳音楽会に参加できたことを極めて嬉しく思っています．有り難うございました．武市先生，立岩先生は，ご多忙にもかかわらず，わざわざ私達の練習のために家に誘って下さいました．武市先生は，鴨島へ来て指導して下さり有り難うございました．先生方は私達が感動するほど忍耐強く指導して下さいました．村上先生は本番の時，腰が痛いのにまた来てくれて私達はとても感動しました．例え千言万語を費やしましても感謝の気持ちを表すことはできません．いろいろなことは私達の心の中にずっと存在していくことでしょう．桂　豊先生および先生方各位，有り難うございました．私は代表してお礼を申しあげします．

1998.10.4　Y縫製代表　王梅

十月四日　我們赴日的研修生栄幸地参加了電脳之声音楽会。音楽会非常地成功，有世界一流的電脳技術，使我們看到日本不僅有先進的縫裁技術，更有先進和発達的電脳事業。

是老師給了我們這次機会，是電脳音楽家給了我們幇助，能和這麼多優秀的人材同台演出，我們感到非常地栄幸。我們不是専業的歌手，但音楽家対我們耐心的指導，熱情的態度我們深受感動．日本的山清水秀，風景秀麗，但日本的人民更加善良，美麗．身在異国，我們却感覚在自己的国土一様親切和温暖。我們喜歓日本—徳島，喜歓和日本人一起聯歓．也希望今后能有更多的機会参加各種各様的活動。在這里，我們衷心地感謝村上老師和21世紀館老師們給了我們這次機会。也衷心地祝願今后的〝電脳音楽家〟能越弁越好．

祝願日本的電脳業更加興旺発達！

10月8日　N商事研修生10人

(原文のまま。ただし漢字は日本漢字に変換)


この感想文兼お礼状を文化の森へ送るとき、私は次のような言葉を添えた。

ＭＩＤＩに出演した人たちをねぎらいに宿舎を訪ねて回って来ました。電話をしたら、各社共九時(夜)

まで仕事があるというので、九時から一〇時半にかけて家内と二人で訪問してきました。特に「もののけ姫」が好評だったと言いましたら、ビデオを事前に見せてもらって物語の内容を知っていたので気持を込めて歌うことができました、と答えていました。「もののけ姫」のビデオは、菓子舗「幸栄堂」の杉本さんのご好意で、友の会の時にお借りしたものです。やはり借りて見せておいてよかったと思いました。杉本さんは研修生のために当日差入れもして下さいました。また横井さんからもいろいろ点心（お菓子）を造ってきていただきました。いずれ研修生からもＭＩＤＩ出演へのお礼や感想が寄せられると思いますが、とりあえず「皆様へよろしく伝えてほしい」とのことでした。

「有り難うございました。」

出演者二〇名中九名は本年一月に来日した人たちです。十一月の中旬に実務と業務関連の日本語の試験があるそうです。なお小生（腰痛で）、ご心配をおかけして申し訳ありませんでしたが、この度なんとか自分の車で（身体を座席に固定してですが）みんなの宿舎を回れるまで回復しております。

また、ひとりの研修生が日本へ来るとき母親が持たせてくれたと言って、「神巧護腰」という名の立派な腰部保護帯を私にくれました。漢方薬が縫い込んでありますが、医者がくれたシップ布と同じような匂いがします。いまそれを当てております。きっと急速によくなると思います。（村上記）

その他の出来事のいくつか

○この頃、研修生の誕生日を全部記録　授業中に該当者のことをとりあげることとする。

○呂波送別会　山田縫製　一月十二日

○和芳・呂波ら一期生二年間研修組帰国見送り　一月十三日早晨

日本語教室中国研修生第一期生の帰国を見送りに徳島市の工業試験場へ行った。初めての人たちで、いずれも思い出深い記憶に残る娘たちである。朝六時、真っ赤な月が眉山の上空にかかっていた。詩人の呂波が、「先生、あの月を見て出発する今日の日と日本でのことを私は一生忘れません」と私に告げた。

王萍と安蕊が、それぞれ日本語能力試験一級と大学進学総合試験に合格したので、帰国後再度徳島に来る予定であるという。二年間の勉強でその目的を達成した二人の意志と努力に私は敬意を表した。

彼女らは、この時はまだ神戸から船で上海に渡り、上海から汽車で西安へ帰るという経路をとっていた。約一週間の旅程である。旅費を節約するためである。

研修生が飛行機で往復するようになるのはようやくこの翌年からである。

〇COMETボウリング大会に日本語教室研修生招待　二月二十八日

〇日本語教室花見　四月三日・六日

教室のある文化研修センターから徒歩一〇分の所に江川鴨島公園がある。ここの花見は初めから行っていたが、英語指導助手たちはあまり参加しなかった。中国人研修生は喜ぶので、この前年一九九七年から教室の恒例行事として、日本語会話の練習を兼ねて見頃の時期の各授業日に花見の会をもつようになった。飲み物と食べ物や菓子類を用意して主に中国人研修生を対象に開催した。みんな写真を写してくれという。フィルムを三本ほど写し焼き増しして全員に配ると現像焼き付け代が三万円にも達することがあった。また、食べ物や飲料費約二万円も個人で負担した。最初は事務局で手助けや写真代の一部負担をしてくれたが、補助金の削減に伴い、担当者が変わってから協力は得られなくなった。花見行事は、日本語教室受講者の主体が研修生から主婦に移行する二〇〇一年まで継続した。

〇王淑芳と山田縫製研修生らを夕飯に招待　八月三十日

当初から、特に熱心に協会の活動に協力してくれた研修生の労をねぎらうため、わが家に招待した。王淑芳の帰国送別会を兼ねておこなった。王淑芳は家内が可愛がっていた研修生で記憶に残る娘さんである。会社と新入生のはざまに立って苦労していた。帰国する頃以前よりも元気がなく痩せていたのが不憫であった。

○アパレルスタジオ研修生に業務試験指導に行く　九月一日（試験・九日）

（前年にも書いたが、こうした教室以外での交流は毎年続いてゆく。以下の年からはいちいち記載することは省略する）

文化の森・電脳音楽会に合唱出演・指揮武市さん

平成十一年（一九九九）

日本語教室の風景

中国人研修生の延べ人数が最高に達し、さまざまな階層と職種の研修生が出席するようになった年であった。そんななかにあって、教室は一貫して変わらない方針で継続的に開催することにしたが、組分けの仕方と英語圏の人の取扱いには苦慮することが多かった。

また、一時は予算上教材の複写もままならないような状態に陥ったので、平成十一年からは黒板に筆記して授業する方式に切り替えた。

当初は前年を踏襲して日にちと時間によって四組に分けて授業したが、ジェフェリーが来なくなった七月以降は月曜日組は一本化して、授業内容においてそれぞれの年次の人の要求を満たすよう配慮した。なお、本年、特に四月からは、月曜組は中級（初級終了程度）を対象とし金曜組を初歩乃至初級の組とした。しかし、来日研修生が増え、また来日時期も多様化し、出席者の一部は都合のいい日に来ることもあって、画然とした授業内容を保つことは依然難しい状況であった。また一方では、前年同様日本語能力試験受検希望者が出てきたので、その人たちには授業時間外に教室やその宿舎で試験問題について補講を行うようにした。そしてさらに九月二十六日から試験直前の十一月二十八日まで、毎日曜日の午後二時間、参加可能者に試験対策の課外授業を行った。教室が使用できなかったので、特に頼んでセンターのロビーや廊下のベンチで不自由な授業を行わざるを得なかった。

新規研修生の一年経過後の職務日本語試験の受験指導も可能な限り各社の宿舎を巡回して行った。また中国人主婦の子弟一名（中学生）の参加があった。優秀な子で短時日の間に長足の進歩をみせた。

なお、平成十年に教室に顔をみせた中国人研修生二名が、この年の二月五日夜、居住地のスーパーマーケットに泥棒にはいって逮捕され、本国に強制送還されたことが新聞で報道された。研修生の内情が初期の頃とは変わってきていることを日本語教室を通じて感じ始めていた矢先の出来事だった。彼我の経済状態が変化して技術研修とは入国制度上の呼称に過ぎなくなり、日本側では安易な労働力として、中国側では身近な稼ぎの手段として研修制度が利用されるという実態とその問題点が次第に表面化していた時期であった。

しかし、この教室ではそうした問題には関係なく、来聴者には日本語学習の便宜を出来うる限り供与し、またそれを通じて国際親善を図るという気持を胸に授業に努めた。

受講者

ジェフェリー・ベル
馬宏玉、王娟花、金腊棉、伏亜錦、張錦萍、袁暁麗、劉艶菊、
張芦芦、楊国燕、馮小燕、高慶奇、于海軍、趙艶紅、劉君莉、崔少維、王金鳳、呉小玲、
陳静芳、張芦芦、尹玉芹、東圓、劉合麗　王錫霞、趙、周西栄、
宋麗君、高慶奇、于海軍、曹永庫、柳静香、王瑞龍、蘇娟　于成剛、宋彦栄、魯暁会、
劉妤萍、韓雪鋒、王西霞、段文、近藤純子（段の娘・中学生）
（以上月曜日組）
金海燕、蘇小霞、郭麗、陳蕊、馮寧寧、楊涛、楊国燕、劉艶菊、趙、
張錦萍、劉妤萍、王勇、黄愛栄 、魯暁会、韓雪鋒、徐茹云、周西栄，宋麗君、宋彦栄、
高慶奇、于海軍、曹永庫、劉海栄、劉坤英、張妍、馬玲、伏亜錦、范文艶、張燕、張瑛、
于成剛、徐麗芳、王桂花、呂萍萍、常玉玲、その他（男子一名、女子三名‥‥氏名不詳）
コリン・ブリッジァー、　ソフィア・カー、　大村マリエッタ、　C・マリオ
（以上金曜日組　但し、期中月曜日組に移った者あり、両方に出席した者も多い。また、氏名不詳は名前を明かさない者、遂に出席届を出さなかった者）

開講状況

開　講　日　月曜日

授業時間　十七時三〇分～十九時　七月まで

十九時　～　二十一時　七月十二日以降一本化

開　講　日　金曜日

授業時間　十七時三〇分～十九時　九月まで（コリンの夏休み期間を除く）

十八時～二十一時　十月からＡＥＴを一時間、中国人を十九時からとする

町内縫製企業組合の研修生導入日本語教育

受講者①　四十九名（氏名省略）　瀋陽組三十名、遼陽組十九名

日　時　二月十四日～三月一日　九時～十七時

場　所　鴨島町中央公民館

受講者②　三十名（氏名省略）瀋陽から

日　時　十月二十九日〜十一月十三日　九時〜十七時
場　所　鴨島町少年の森野外活動センター
受講者③　十二名（氏名省略）瀋陽から
日　時　十一月十五日〜十一月二十七日　九時〜十七時
場　所　阿南市市民会館

教室と教材の費用問題

補助金の減少と町財政の逼迫の影響をうけてか、教室の使用料請求や教材の複写代金徴収などの煩わしい問題がこの頃から起こりだし、年次が変わるごとに研修センターと協会との協議をしなければならないようになってきた。町側事務局も日本語教室の面倒は見られないという風に変わってきた。学習外国人の構成が変化し、来日時期が定期的でなくなってきたので、画一的な学期の設定や教材の選定が難しくなった。

英語圏以外の外国人が多くなってきた頃から、各国語による教科書がそろっている『新日本語の基礎Ⅰ・Ⅱ』を基本教科書とするようにしたが、例えば、この教材で本冊、外国語訳本、文法解説書を揃えて購入するとなると優に一万円を超える出費となって、研修生たちには過大の負担を強いることになる。本冊だけでもと教科書の購入を呼びかけたこともあるが購入しようとする受講者はいなかった。本はなくても聴講するだけでいいですから、というのである。中国人研修生にとっての一万円は、日本人にとての十三〜十五万円ぐらいに相当するからである。

したがって、複写が有料になったこの年から、教材の無償提供は止め、黒板に要点を筆記して講義する方式とした。進捗度は大幅に低下するが仕方がない。またそれを克服するために要点整理と練習例題の選別に多くの時間を割かなければならなくなった。

しかし、このやり方は水準の異なる参加時期の不齊一な学習者を対象にする場合に便利なやり方である。その後、協会の努力と会場担当者の理解によって、日本語教室の教材の複写は無料となったので（のちにすぐ有料に戻る）、最少限度の教材の配布にこころ配りしながら、板書の方式を併用して授業を行うよう心がけた。

教室の窓から

日本語能力試験と受講生

この年、日本語教室へ来ている四人が「日本語能力試験」の二級を受験した。前年も三名が受けたがいずれも合格しなかった。日本型の試験になじめないことと、長文問題で時間を費やしすぎて時間切れになるのである。また、研修生（実習生）の場合、仕事の合間に、週に一回の日本語教室での勉強では合格することは至難の業である。今年の研修生には週二日の授業のほか日曜日の昼にも補講をするなど力を入れて来た。特に町内Y縫製の社長は、自社から合格者を出したいと思ってだろう、Wさんの授業日は一時から仕事を止めて教室へ寄こしたりするほどの熱の入れようだった。私も期待にこたえるべく、授業日の午後九時以降も会社の事務所へ出向いて教えるなど手を尽くした。当時は受験地が神戸か大阪であったので、地理不案内の彼女らに付き添って神戸の試験場へも同行した。しかし、残念ながらこの年も合格者は出なかった。Y社長は落胆してだろうか翌年からは日本語の勉強や受験を奨励しなくなってしまった。Wさんも申し訳ないと言って、バツが悪いと思っているのか帰国後も音信がない。盲点の一つに「聴解」がある。二年半日本にいてほとんどの日本語が聴きとれても聴解試験は全く別のことなのだ。試験の要領がわかると得点はぐんと上昇する。私は、あきらめずに中国へ帰ってからも、もう一度受験することを奨めた。この年の受験者の一人、尹玉芹さんは帰国後再挑戦して見事合格し電話で報告してきてくれた。

徳島大学の大学院生、丁麗塋さんは私がインターネットをやることを知ってから、文法問題を電子メールで聞いてくるようになった。そしてほぼ二年間、メール交信によって質問に答える形で日本語を教えた。大学の講義を聴いているのだから聴解は大丈夫だと言って高を括っていたのが、結果は、一級試験で、語彙・文法の九〇点以上の得点に対し聴解は六〇点相当で合格ぎりぎりの点しかとれなかった。したがって、この年以後受験希望者には特に聴解に重点をおいて授業するようにしている。また、受検および解答要領のようなものにも念をいれるようにしている。そのためか一級合格者が出るようになってきた。

この頃は、私も経験に乏しく多くの階層の受講者がいたので、水準を低い方に設定して授業を進めていた向きがあった。Wさんたちには気の毒なことをしてしまったと悔やまれてならない。ただ基本的には、受験者本人の格段の努力がなければ到底合格できないことは言うまでもない。

一月六日、私たちが明石に住んでいたころ家内が手芸を習っていたU先生が不意に徳島へ来られた。徳島にいるお弟子さんたちに会いに見えたとのことで、家内にも是非会いたいと電話があった。徳島市の厚生年金会館で展示会と茶話会をするという。私も面識のある人だったので家内に同行した。Uさんはすっかり痩せ細り、ふくよかなかっての面影はもう少しも残っていなかった。私が帰郷したとき、Kさんという退職者の方が記念の映画会を開いて無料で公開したことがあった。『安城家の舞踏会』や『わが青春に悔なし』といった名画で、私はKさんの気持ちとそれを開催した意図をよく理解することが出来た。

その時の部屋で手鞠や人形の展示が行われていた。私はその偶然の一致になぜか深い感慨を覚えずにはいられなかった。手足の不自由になった先生を助けてご主人や娘さん夫婦が忙しそうに振る舞っていた。その日一日、弟子たちと話を交わしてUさんは嬉しそうにしていた。私はご主人に「一度お二人でゆっくり遊びにおいで下さい」と言って別れた。帰られて間もなく先生が癌で逝去されたとの知らせがご主人からあった。

Uさんは最後のひとときを親しい人たちと過ごすために徳島へやって来たのだった。

私は今はもうアメリカへ帰ったジェフェリー・ベルのことを思い出す。ジェフェリーは相当に日本語に長けていたが、この年日本語の試験に合格しなかった。漢字の壁もあったかも知れないが、文化の違い、考え方の違いが文章読解などの問題に作用したのではないかと思う。

試験練習問題に著名な作家の随筆があった。癌に罹って余命幾ばくもない本人に告知するかどうか、揺れ迷う主人公の気持ちを綴ったものだった。主人公は悩んだ末、告げることをしないのだが、この問題の回答選択肢で、ジェフェリーは迷わず「主人公はすぐ告知した」を選んだ。アメリカでは真っ先に当事者に真実を告げるというのである。これは、この文章の中から判断する日本語読解力の試験だから、といくら言っても承知しなかった。

日本語試験問題の内容の是非と文化の違いの問題について考えさせられたことだった。日本人であるU先生は告知はされていなかったと思う。ご主人や子ども夫婦の言動からそれが解かる。Uさんは、自分の病気と余命幾ばくもないことを自ら覚っていて徳島へ来られたのだろうか。

後年、日本語と国際文化交流の専門家と話しているとき、「日本の試験は受験者の能力を認め育てるためではなくふるい落とすためだけの試験になっている」といった意味のことをその先生は述べられた。日常の会話になに不自由ない者が二、三級の試験になかなか通らない。なんのための試験か、という観点からの検討が必要かも知れないと思う。

電脳交響楽団演奏会と中国研修生

今年も要請に応じて、秋の「第七回電脳交響楽団演奏会」参加の中国人女性合唱団を組織した。今回の主題は「二十世紀の音楽・前編」、合唱の演目は、ＭＩＤＩによって伴奏曲を編成してくれる武市隆嗣さんと研修生の希望とを調整して決めた。日本の「蘇州夜曲」と中国の「明天会更好（明日更に好く）」

の二曲である。日本語教室に来ている鴨島とその近郊の四社の研修生二十八名が出演した。

出演研修生の企業の了解をとり、曲が決まると、私はその歌をそれぞれ中国語と日本語に訳す。辞書を引き、微妙な情緒語は仕事の終わった後で研修生に会って確かめる。複数の意見を聞かないと、中国人だといって誰でもいいというわけにはいかない。いくら私が老人だからといっても、夜間若い娘の宿舎へ行くのだから社長に立ち合ってもらう。その点では、呂波や王梅のいた山田縫製の社長夫妻は親身になって私に便宜をはかってくださった。日本の曲はいいが中国の曲は厄介である。研修生たちは磁帯（テープ）を持っているが歌詞も楽譜もない。歌詞のあやふやなところは何度も一緒に聞いて言葉を確定する。

楽譜は曲を聴いて音符化する。武市さんは音楽を聴きながらどんどん「耳音符」にしていく。「耳音符」というのは音楽用語なのかどうか知らない。武市さんはそんな表現を使っていた。面白い表現である。音符が決まるとそれを「ＭＩＤＩ」を使って交響曲にする。研修生たちの声域を考慮して音階を加減したり調子を調節する。この作業はまさに電子音楽情報機器の独壇場である。中継ぎは私がやるが、武市さんが徳島から鴨島まで出向いてくることもある。二十一世紀館にはＭＩＤＩもパソコンも自由に使える実習室があって、初期の頃私もそこで講習を受けた。しかし私には実際の演奏曲を作る能力はない。武市さんが家でやってくれる。曲が出来ると、カセットテープに録音する。「ＭＤ」（ミニディスク）に録音すれば音の伸びが起こらないのでいいが、研修生たちはMDの「カセットデッキ」は持っていないのでテープにする。テープは宿舎の数だけ作る。私は各社を廻って日本の曲の背景などの解説と翻訳歌詞の説明をして、まず各社毎に練習しておいてくれるよう頼んで回る。言語構造の違いから、日本の歌を伴奏曲にあわせて唱うのが難しい箇所がどうしても出てくる。昨年の「もののけ姫」や、この後の年の「翼を下さい」などはその例である。

「もののけ姫」の場合は、昨年六月、二十一世紀館野外劇場でCOMET友の会で音楽会をした際、昼食時間にふとそのことを洩らしたところ、多田さんが横にいた畭尾《はりお》さんに頼んでくれた。畭尾さんは阿南市にあるオペラ劇団の歌手である。露口さんがカセットテープを事務室からもって来てくれると、「この歌、歌ったことありませんけど」と言いながら楽譜を見てその場で歌ってくれた。研修生には音が高すぎるので、武市さんが半オクターブ下げてくれた。今年の「蘇州夜曲」と次の年の「翼を下さい」は、ともに立岩さんの奥さんが吹き込みをしたものを送ってくださった。立岩さんは音楽塾の先生、奥さんは声楽の先生である。情報化と人間社会の網の目のような関係と動きのなかで、歳とった私はその動きを驚きをもって眺めているばかりである。出演者全員が一緒に集まって練習する機会は、本番の前日の夜か演奏会当日の午前中の一時間しかない。前日の晩集まれなかった時は、日本人の各出演者が自分の下稽古の時間を犠牲にして練習舞台を提供してくれるのだった。そこには暖かい国境を越えて交じり合う人たちの姿があった。また、武市さんと二人で日曜日など予定しておいた日に各社を回って合唱練習を行った。武市さんは各社の研修生の声調と癖を覚えて、全員で歌ったときに整合するように調整するのであった。この年は文化研修センター一階のホールを特別に借りて、演奏会直前の日曜日午後の二時間半、参加可能者全員によるリハーサルも行った。武市さん、立岩さんがわざわざ徳島から来て指導をしてくださった。たいてい、どうなることかと思っているうちに本番で一番の出来になる。そして、ハラハラドキドキしていた気持がホッとすると同時に、嬉しさで胸がいっぱいになるのだった。

研修生の送迎は、会社の手が足りないときは、国際交流協会の会員やＣＯＭＥＴ友の会の人に補助してもらった。協会の小林由美さんや乾喜美子さんにはいろいろとお世話になった。

演奏会の模様は、ＣＯＭＥＴの係が「ビデオテープ」や「デジタルビデオデッキ」に録画し、ＣＯＭＥＴの「主頁（ホームページ）」に掲載したり、ビデオテープに編集収録してくれる。私は自分の撮った通常写真を全員に、ビデオテープを希望者に進呈することにしていた。そして、みんなが帰国したとき、パソコンを使ってインターネットで「ＣＯＭＥＴ」に接続し、演奏会の風景がいつでも観られることも説明した。

この年寄せられた出演者の「電脳音楽会感想」は以下のようなものである。

感　想

先日ありがとうございました。いつもお世話になりました。私ははずかしいです。

先月のみっか、私たちが文化の森で加わる、徳島のコンピューターの音楽会ができました。私はとてもうれしいです！　これはおもしろいことです。これからも、私参加が欲しいです。どうぞよろしくお願いします。

日本の古い歴史を見ました（註：博物館見学のこと。四、五十年の歴史・・・（四、五千年か）。今日本の社会見ます。たいへん変化大きいですね！　日本の科学技術が高くなりました。いろいろに今全部たかめました。

また撮影師（註：カメラマン）の写真も写りました。人々の生活はちょっと高められました。私は本当うらやましいです。日本人は本当すごいですね。

いつ私の夢想が本当になりますか。私は世界で一番幸わせの人です。今に日本人と同じように、ぺらぺらと日本語を話したいです。

これからもよろしくお願いします。先生、おつかれさまでした。どうもありがとう。

（原文のまま）

99.10,27 写　11,12 抄

魯小会

（魯小会さんは、中国・西安市の出身、昨年十月来日

註：「写」は「書く」、「抄」は「書き写す」の意）

「感　想　文」

10月3日、中国からの研修生は、30人一緒に文化の森で「電脳交響楽団演奏会」に参加しました。

私にとって、とても楽しかったです。私は音楽が好きですから。

最近、会社の仕事はとても忙しかったですから、みんな一緒に練習することがありません。心配しました。でも、歌を歌った時、先生や指揮さんや会社の人のおかげで、皆勇気をたくさん持っていました。

そして成功しました。嬉しかったです。

このことは、私にとって、いつでも忘れないと思います。

来年も参加したいと思っています。

（原文のまま）

楊国燕
（楊さんは中国・青島出身。一九九八年十一月来日）

「記参加第七回電脳交響楽団演奏会的感想」

世界はこんなにも美しいものか！　この美妙な、心を震えさせる音楽をして私達の航路の導べとしよう！

私達・・・・私達は今将に女神の双手を握りしめたのだ！

Once more, We open the door, our heart win go on.

明天将会更好。

1999.11,8
伏亜琴
（伏亜琴さんは、一九九七年十月、中国・西安市から来日。
「明天将会更好」は「明日また更に良く」といった意味）

「電脳音楽会観後感」―電脳音楽会を見ての感想―

優美さの中に貫くようなあの旋律、思いも到らない音色が支配する〝電脳音楽〟。まさにこれこそ「20世紀の音楽」と言うに愧じないものでした。舞台の上は、様々な楽器や演奏者にとって換わって、簡潔に電脳とその操作者、抽象的な電脳の制図（コンピューターグラフィック）、整った舞台背景が付置（セット）されていました。絢爛とした色彩の照明が、それらを彩って際だたせ、秩序ある舞台は如何にも現代的で、そしてまた神秘的にさえ見えました。

この度の音楽会で、わたしが最も感動したのは、音楽会の演出のために尽力されていた、あの裏方の人々の働きぶりでした。あの方々の仕事に対する真面目な責任感に溢れた精神は、人をして賛嘆させずにはおかないものでした。音楽会を通して、一つ一つ、すみずみにまであの人たちの姿と影がありました。

全体の中での、連接した各々一つ一つの環が細部に到るまで周到にしつらえられ、完璧に近い優美な演奏は、わたくしの記憶の中に永久に留まることでしょう！

音楽会で写し出された写真を看たとき、その時の心情は言葉では言い表わすことができません。第一回の開演から第七回の現在に到るまで、簡素な設備から壮大な隊列まで、依然変わらないあの熟練した面もち、人々は倦まずたゆまず幾度かの風雨をくぐり、一歩一歩をしっかりと踏みしめて今日までを歩んで来られたのです。

このような、仕事を大切にする精神こそ、わたくしたち一人一人が学び取らなければならないものです。それはまた一人の人間として、自分の人生の旅程において、最も必要とされる一個の品性でもあります。そう、それあればこそ、人は将に一つの成功した一生を保有することになるのです！

日本での、いろいろな趣きあるわたしたちの生活の中に、このように貴重な挿曲（エピソード）を挿し挟むことができました。それはきっと素晴らしい追憶となって、いつまでもわたくしたちの心の中に留まることでしょう。

どうか明年の電脳音楽会が〝会更好〟（「更に好く」）でありますように！

1999.10,12
馮寧寧
（馮寧寧さんは中国・瀋陽出身、一九九九年二月来日）

そして、私はみんなの感想文に添えて以下のようなメールを文化の森・二十一世紀館の掲示板に送信

した。

電脳交響楽団演奏会の無事終了おめでとうございます．

主宰者、企画者、司会者、演奏者、参加者、設営者、協力者の皆様、本当にお疲れさまでした．

本年も中国研修生の方たちの出演に関し、お手配、ご配慮、ご指導をいただき、無事済ますことができました．

こうした催しには全くの未経験者が、なんとか歌い上げることができましたのも、二十一世紀館のスタッフの皆様、側面からご助力くださった参加者の方々、曲作製と合唱指導をして下さった武市さん、立岩ご夫妻のお陰によるもので、ここに心から御礼申し上げます．ありがとうございました．

合唱中、新聞記者からの取材がありましたが、電脳音楽と中国人による合唱という国際性との関わりに強い関心と興味を示しておりました．本演奏会は私が徳島へ帰郷した年から始まり、第一回から参加させていただいて、当時からその先進性に敬意を払っていましたが、内容にもまた新機軸が取り入れられ、諸種の催しの中で真に独特な存在となって来ていると思います．

昨日、彼女たちは帰路スーパーマーケットへ寄り、一週間分の食料の買い入れやまた帰宅後は洗濯で、就寝したのは遅い時間になったことだと思います．そして今朝はもう八時過ぎから研修・実習（仕事）

にかかっています．仕事の中で苦労を強いて気の毒でしたが、また一方、ささやかなものではありますが、参加者に一時の慰安を与えてあげることができたのではないかと思い、それも皆様のお陰と感謝いたしております．
別れる時、「請問向大家問好」（どうぞ皆様によろしく）とのことでした．

1999. 10, 4　CMT78671　村上　瑛一

インターネットの利用

ここ数年、自治体の情報通信体系は、パソコン通信の段階から「インターネット」への移行期にあった。これまで徳島県にはＣＯＭＥＴ（徳島県文化学習情報システム）と県自体の「ホームページ」があり、それは相互に連結していた。このホームページに県内各市町村の情報欄が設けられているが、鴨島町からは全然書き込みがなされていなかった。ＣＯＭＥＴの多田さんが県の情報課に転勤し、実状を知って心配し、国際交流協会の情報でもいいから書きこんでもらえませんか、との依頼があった。当時新聞紙上で、町長が替わったのにそのことが町報では書き変えられていない、といったシステムの保守と運営面の欠陥が指摘されたりしていた時代だった。私は引き受けてから、中央公民館に設置された一台

の「Windows・95」を使って、週に一回公民館と文化研修センターの催しもの、それに鴨島町国際交流協会関連の出来事を書きこむようにした。例えば、公民館での「ＡＬＴ（外国語指導助手）によるミュージカル公演」、文化研修センターでの「篠田正浩監督の講演会」の案内、国際交流協会関連では新任ＡＥＴ（英語指導助手）の挨拶といったものなどである。

この「システム」は、パソコン通信時代の掲示板を「ホームページ」に改変し、パソコン通信でも、インターネットによる接続を通してでも見ることができるという方式のものであった。私は、一九九八年の六月に開始し、翌年のその年度の三月まで、通算一〇〇件あまりの情報を書きこんで提供した。

この作業は一九九九年三月末をもって停止した。県および町の広報情報制度を「インターネット」一本に組織化することになったからである。県や町に問い合わせたが、従来の書き込みがどうなるのか誰に聞いてもわからない。県も町も協会も、インターネット一色で、従来の方式をどうするのかという点については無関心であった。こうして私のむだ働きは終わった。ただ、公民館図書室司書の大倉さんが、「手づくり絵本・お話！おはなし」の募集や発表の記事の書き込みに対して、大変感謝してくださったのが私の唯一の、そして大きい報酬となった。私の掲示が始まってから応募者数が増えたと大倉さんが言ってくれたのが救いであった。

多くの場合、人は新規なものにしたり顔でとびつく。しかしその全体の構成と運営と保守については無関心である。周囲は新しい機器や「ソフトウエア」の話しでもちきりである。しかし、それを用いて何をするかについては明確なものがない。

呂波の受難

「瀬戸大橋」をはじめ多くの詩を書いてくれた呂波さんは、帰国後雲南省昆明でカナダ系の商社に勤めた。故郷の西安（実家は近郊の咸陽）から昆明の赴任地へ行く途中、強盗団に襲われて全身一四か所に深手を負い、日本で貯金した八十万円と荷物全部を強奪され、雲南の病院で三か月生死の境を彷徨ったという。私は国際交流協会とＣＯＭＥＴの有志を募って見舞い金を送ったが、彼女は「私は決してへこたれない。一から出直す」という強い意志を示すお礼の手紙と「出発」と題した詩を送ってきた。

呂さんは、回復退院後昆明の「世界花博覧会」でコンパニオンとして働き、博覧会閉幕後、夫とともにカナダへの永住を申請した。そして、日本滞在中の無犯罪歴の証明書が必要とのことで私に頼んできた。私は呂波の勤めていた山田縫製の社長の証明をもらって送ったが、再度呂波からは公的機関の証明が必要だと言って来た。社長と一緒に、町役場、警察署、県警本部、国際研修機構などへ問い合わせをしたが、結局、帰国者は帰国先の日本大使館を通して警視庁に申請してほしい、ということだった。昆明から北京まで直線距離にして二〇〇〇キロある。それでも彼女は時間を作って北京へ行きますと言ってきた。私は申し訳ないような気持になって、北京大使館へ行ったら「吉澤公使を訪ねなさい」と言っておいた。後に協会の一〇周年記念講演会に招いた知人の吉澤さんが、その頃公使として在北京日本大使館に赴任していたのである。

呂波からは、傷が癒えてから日本へ行きたいといったメールが何通か来た。呂波や王梅はこちらにいるとき、文化の森のコンピュータ講習に顔を出したり、私のノートパソコンを借りて、キー打ちや操作の練習をしていた。ただ、まだ共通フォントや漢字変換方式やユニコードが普及簡便化していなかったので、メールはすべて英文やローマ字書きで交換した。そして、彼女はメールの中で家内のことをいつも〝mama〟と呼んでいた。

呂波はその後カナダの永住権を取り、夫婦でカナダに住んでいる。子供が生まれたことを電子メールで報せてきた。便りでは、カナダでの生活はかなり厳しいもののようであった。住居を二回ほど別の州に移したようであるが、現在は音信が途絶えてしまった。

多くのひとが、多くのことが、この教室を通り抜けて行く。そして、それはもう再び帰って来ることはない。そして、それはそれでいいのだ。

江川花見

文化の森

本番・指揮武市さん

教室にて　陳芯・王娟花・馬宏玉と右端が馮寧寧

平成十二年（二〇〇〇）

日本語教室の風景

　この年も、鴨島町縫製工場研修生のうち前年から継続の学習者のほか、鴨島町以外の町からの出席者、異業種の研修生、日本人と結婚した外国人主婦など、出席者の顔ぶれが非常に多様化した。中国研修生は前年に劣らない人数に達したが、休まず継続して出席するものは二〇人に満たなかった。主婦では中国人主婦以外にフィリピン人主婦の参加があったが短時日の出席で終わった。出席者構成の変化が激しく学習歴もさまざまであったので授業の運用に苦心した。九月までは日本語能力試験二級受検希望者に対し中級程度の問題を配付し受験対策授業を行った。九月受験希望者が帰国し、来日間もない研修生の出入りが激しくなったので、年度後半からは月曜日を初心者向け日本語入門講座とし、金曜日を初級終了程度の前年からの継続学習者向けの授業とした。なお、二級受検希望者で試験日の前に帰国期限がきた研修生が、帰国後中国で試験を受け合格した旨の報せがあったのは嬉しいことであった。

受講者

張芦芦、尹玉芹、楊国燕、劉艶菊、柳静香、伏亜錦、宋麗君、于海軍、曹永庫、魯暁会、劉妤萍、韓雪鋒、于成剛、段文、近藤純子、尹玉玲、中尾真、徐麗芳、王桂花、呂萍萍、

（以上月曜日組……二年目および中級程度）

張樹強、張鵬英、呉鉄紅、王洪力、高桂茹、肖大波、王建軍、郭克新、魏紅麗、陳琳娜、王愛桂、劉洋、高慶保、李伝宝、鄭春菊、張影、

（以上新月曜日（初歩）組……九月十一日以降）

劉坤英、張妍、馬玲、陳蕊、馮寧寧、楊涛、段文、近藤純子、魯暁会、劉妤萍、韓雪鋒、伏亜錦、宋麗君、于成剛、于海軍、曹永庫、范文艶、張燕、張瑛、李莉、蓋玉龍、肖大波、王建軍、郭克新、徐麗芳、王桂花、呂萍萍、常玉玲、徐海燕、薛霞、孟慶艶、陳燕、金海燕、蘇小霞、鄭春菊、魯暁会、王金鳳、郭微、馬桂霞、劉洋、程建貞、魏紅麗、陳琳娜、王愛桂、劉艶菊

中尾真、篠原ひろみ

コリン・ブリッジァー、　C・マリオ、　リサ・コンプトン、

大村マリエッタ、　ローズマリー、　森本ミニー、　中川アン、　仲村ジーナ

（以上金曜日組　但し、途中出席、一時的出席、また両方に出席の者も多い）

開講状況

開　講　日　月曜日
授業時間　十九時～二十一時　九月四日まで日本語能力試験二級受検希望者向け授業実施、対象者帰国後の九月十一日から来日研修生用入門授業に切り替え
開　講　日　金曜日
授業時間　十七時三〇分～十九時　ＡＥＴ対象（一部研修生希望者を含む）授業
　　　　　十九時～二十一時　十月から初級後期組対象授業に切り替え

町内縫製企業組合の研修生導入日本語教育
受講者①　二十七名（氏名省略）　瀋陽から
日　時　二月十四日～二月二十八日日　九時～十七時
場　所　鴨島町飯尾コミュニティセンター

受講者②　九名（氏名省略）瀋陽から
日　時　三月二日～三月十六日　九時～十七時
場　所　阿南市市民会館
受講者③　二十二名（氏名省略）西安から
日　時　六月二十六日～七月十一日　九時～十七時
場　所　徳島県職業能力開発促進センター
受講者④　二十九名（氏名省略）西安から
日　時　十一月六日～十一月二十一日　九時～十七時
場　所　徳島市南井上コミュニティセンター
受講者⑤　二十六名（氏名省略）瀋陽から
日　時　十二月一日～十二月十五日　九時～十七時
場　所　鴨島町飯尾コミュニティセンター

教室と教材の費用問題―その後

従来慣習的に無料で使用してきた研修センターであるが、昨年度から問題になってきた教室の使用料請求やコピー料金の取り扱いについて、協会と町側との話し合いの結果、瀬尾会長より確認・依頼の文書を町教育委員会・学習課に提出し、「日本語教室」の使用について要請・確認を行った。ちょうど学習課長が替わった時期でもあり、これによって教室使用の安定化が図られることとなった。

内容の要点は、

1．本「日本語教室」は鴨島町国際交流協会が開催する講座とする。
2．使用期間・時間・使用方法などについては、「文化研修センター」の使用基準に従う。
3．会議室使用料金は無料とする。
4．（コピーは）センターの使用規則に従い、使用枚数を記録し、使用料を協会事務局がセンターに支払う。
5．連絡など事務処理は、日本語教室担当者、事務局および協会会長が責任をもって対応する。

などである。その後、このルールに基づいて今日まで教室の使用が継続されている。

（註：教室の使用届は従来から行っていた。ここでの本質的な問題は費用負担の問題であった。町財政

の逼迫と、国からの補助金の減少（のち廃止）によって使用料の徴収が日本語教室にも求められてきたのである。協会設立当初は町運営の色彩が濃かったが、財政状態の悪化につれて協会は次第に切り離されてきたように思われる。ある意味では仕方のないことである。しかし、話し合いによって使用料が免除になったことは双方にとって妥当なことであったと思う。人間の社会制度においてこの種の問題はつきまとうものである。しかし、意思の疎通によって妥協点が見いだせることに現行民主主義制度の価値と意義がある。

後年、吉野川市に移行したときも、教室使用料・冷暖房使用料の請求ということが起こった。この時も協会から新市長への陳情書提出、状況説明を行った結果、使用料の免除が行われて今日に至っている）

聴講生に対する注意

教室にきている中国人たちは、上記のような協会の苦労は知らない。中国では当初大学まで授業料は無料だったと聞いている。体制は別にして経済は市場経済化（実質は統制資本主義化）が進むと、大学の授業料も徴収されるようになってゆく。中国人研修生は「親方日の丸」に慣れているから、教室使用やコピーにも金がかかるとは思ってもいない。そこで、今回のことを契機に中国人研修生たちに注意書を配ることとした。内容は以下のようなものである。

1．日本語教室に来るひとは必ず会社の了解を得てから来てください。
2．日本語教室へ来ることを理由にして他の場所へ行かないこと。
3．教室は一年単位の授業を行っています。腰掛け（一時的に利用）で来るのは止めてください。
4．休む場合は必ず連絡してください。
5．筆記用具を必ず持参してください。
6．資料は忘れないで持ってくること。

実際はこのとおりにはいかない。研修・実習事情を考えると必ずしもこの通りにはいかない場合が多い。この基本は崩さずに弾力的に運営しているのが実状である。経済状況や出席者の構成の変化によって、日本語を教えることだけで割り切ることはできなくなっている。

「来るものは拒まず、去る者は追わず」という方針も、こうした現実的な問題に対応するために樹てられたという側面があることは事実である。しかし一方、本当に日本語をマスターしようと考えて来る一握りの受講者に報い得るような授業内容を維持することにも腐心しなければならなかった。

協会のホームページ

インターネットが普及しだし、国際交流協会でも瀬尾会長のご主人の尽力によって、協会のホームページが作られた。しかし、インターネットを利用している人が少なく、ホームページの内容も協会からのお知らせ記事が主体であったので、これを少しでも活発にしたいと思い、日本語教室の研修生たちの様子や、その人たちの日本についての感想などを翻訳してホームページに投稿しだしたのもこの頃からである。

この年の書き込みのいくつかを下記する。

題名：「王梅さんの赤ちゃん」　投稿日：2000 年 6 月 11 日（日）10 時 18 分 04 秒

一九九九年一月に帰国した中国研修生の王梅さんから、今年三月に誕生した赤ちゃんの写真が届きました。とても凛々しい顔の赤ちゃんです。名前は「白哲文」（哲の実際の漢字は吉を二つ並べた漢字）だそうです。「自分で言うのもなんですが、とても可愛いです」と日本語の手紙に書いてありました。

題名：「中国研修生の感想文」　投稿日：2000 年 7 月 24 日（月）23 時 05 分 39 秒

最近中国から来日した研修生から、日本についての「感想文」をもらいました。その内容をいくつかご紹介しましょう。可能な限り原文に忠実に翻訳するよう努めました。

Sさん（女性、西安出身）

縫製一筋のこの路に踏み出して、
私はいま、
月を追う雲のように、
花を恋う蝶のように、
理想を求めて、
河の流れのように果てしなく、
この人生を旅してゆく。

来日してから、言葉の重要性について思い悟りました。いろいろと手間と費用をかけ、私たちに導入教育の機会を与えてくださったことに、心から感謝の意を表します。会社の皆様のご期待を思い、私は少なからず感動しました。そして、そうしたお計らいは、私たちに一種不思議な力と激励を与え、私たち自身に対し厳格な要求と、更なる精進を求めるのです。そうして、私たちに学習から仕事に到るまで更に一層の上屋を積み、実績を重ねるように促すのです。

中国の俗言にも言います。〝滴水之温恩当湧泉相報〟と。
私は心から思い悩みます。皆様のご厚意に対し応えるることができるかを。
どのようにしてお報いすることができるかを。

題名：中国研修生の感想―2　投稿日：2000年7月26日（水）00時45分46秒
Gさん（西安）
日本は一個の環境優美な国家です。日本には中国人が学ばなければならない多くのものがあります。私に最も興味を抱かせたもの、それは「衛生」と「時間」についてです。
日本人は衛生に心して、このようにきれいな状態としました。このことは私たち中国人が学ぶに値するものです。
もう一点は、日本人は時間をもって、分分秒秒にいたるまで重要なものとして考えるということです。これは日本人が、時間が貴重なものだとよく知っていることを説明しています。私は以後このように毎一分毎一秒を浪費しないようになりたいと思います。そしてまた、毎分毎秒を十分有効に利用していくようになりたいと思います。
日本のこうした優れた点を私たちの国に持ち帰って、我が国を一日も早く繁栄富強の国としたいです。

尊敬する先生、先生にどのように書いたらいいのか分かりません。気がつくと、あっという間に時間が過ぎてしまいました。私たちはすでに、先生が「百教不煩」の方であることを知っています。ここ十幾日かの時間がありながら、先生が伝授してくださった事柄を、十分よく聞いてはいませんでした。時間が終わってしまってはじめて、先生の広いお心に報うことができないことを覚って後悔しています。

題名：中国研修生の感想―3　投稿日：2000年8月17日（木）22時08分48秒

Cさん（女性、西安出身　六月来日）

日本はとてもきれいです。自動車がほんとに多い。人々はとても忙しそうにしています。緑が多い。到る処「山青水秀」、「鳥語花香」、「藍天白雲」。空気はのびやかで気持ちがいいです。まことに心を修め体を保養するのに適した土地です。

ただ日本人は非常に苦労をして来ながら、生活を享受することが出来ないでいるようです。例えば先生のように、そんなに年をとっていながらまだ苦労して奔走しているのは、私には全く理解できません。

Hさん（女性　西安出身　六月来日）

日本へ来てからの私を啓蒙してくださった先生。そしてまた私たちの最も親しい知人である先生。

学習の期間、私は毎日どのように学習すれば、日本語が上手になるのか考えていました。でも私の日本語の基礎はつたないので授業についていけませんでした。私は今後も努力して勉強を続けていきます。ご了解くださいますか。

相見時難別亦難　東風無力百花残。

春蚕到死糸方尽　蝋炬成灰涙始干。

春蚕、蝋燭、これ即ち貴方の投影に他ならないのでは？私たちは衷心からお礼を申し上げます。

題名：「電脳音楽祭」　投稿日：2000年10月7日（土）21時07分19秒

村上瑛一

十月一日、文化の森イベントホールで、恒例の演奏会がありました。第二部に、鴨島町・徳島市・鳴門市・上板町の中国研修生三十三名が出演し、日本の曲「翼を下さい」と中国曲「東方之珠」を合唱しました。今回の演奏会のテーマは、二十世紀後半の音楽ということで、創作曲の他、「スターウオーズ」、「サンダーバード」のテーマ曲など、ポピュラーなものがあり、全体的に迫力がありました。「東方之珠」は、今世紀末の大きな出来事である香港返還を記念して作曲された、香港を恋人になぞらえた、抒情的なポピュラーな歌です。海洋に対するあこがれのような要素を含み、期せずして、「翼を下さい」が大空を、「東方の真珠」が海洋を志向した、大らかな曲の合唱となりました。研修生の皆さんは、忙しい仕事の中各会社毎によく練習して、全員で一緒に歌うのは当日午前の一回だけでしたが、午後の本番では素晴らしい合唱ぶりでした。聴衆が少なかったのが残念でしたが、COMETのインターネットメールには、観客の方から、中国研修生の合唱はとてもよかったという感想が寄せられています。なお、合唱団三十三名中十七名は鴨島町国際交流協会日本語教室の皆さんです。

『私の定年後』と電脳交響楽団演奏会

この年の四月二十三日、私は徳島新聞社の井上記者の取材を受けた。前年、岩波書店が「私の定年後」という題で手記を募集した。それに応募してあった私の手記が採択され、他の方の当選作品とともに単行本として出版されたからである。

ちょうどこの頃、徳島新聞社では同名の囲み記事を連載していたので、私の定年後の生活について掲載したいということであった。

四月二十二日の徳島新聞は、私の生活を紹介したあと次のように書いている。

「定年が近づいたころ、第二の人生をスタートさせるに当たって、村上さんは一つの目標を立てた。それは、当時の流行語にもなっていた高齢化、国際化、高度情報化という三つの課題に対して、しっかりと対応した生活を送ることだった。—老いても、なるべく他人に迷惑をかけず、自助自給の生活を目指したい。—そんな思いから、自宅に家庭菜園を設けた。今では、野菜はほとんど買わなくても済むという。

さらに、日本語教室を通じた国際交流、身につけたパソコン通信を使っての情報のやりとりなどを通して、国際化と高度情報化も身をもって体験している」

また、その後四国放送からの取材もあった。この翌年には、韓国の「ＩＪＩＮ出版社」から同書の翻訳書が出版される。定年…高齢化社会の問題が日本だけでなく、韓国においても関心を喚んでいることを私はこのとき初めて知った。

この年も十月一日に「文化の森」二十一世紀館のＣＯＭＥＴ主宰・第八回電脳交響楽団演奏会が行われ、日本語教室の受講生を中心とする三社三十三名の中国人研修生を連れて参加した。演奏会の主題は、昨年の「二十世紀の音楽・前編」に続く「同・後編」であったが、研修生の合唱曲には中国歌「東方之珠」（東方の真珠）、日本の歌「翼を下さい」を採りあげた。

「東方の真珠」は、香港の回帰をよろこび、香港を恋人になぞらえた歌だと思われた。日本の「翼を下さい」が大空に気持ちを馳せる歌であれば、「東方の真珠」は海を指向した歌となっており、空と海に向かっての新世紀を迎えるにふさわしい大らかな曲が揃うこととなった。

今回は山田縫製研修生・金海燕が日本語で出演の挨拶をおこなって大きな拍手を浴びた。「東方之珠」を日本語に訳していて、私はその歌詞の一節に「われ潮と伴に君を護らん忘るな君永遠に変わらぬ黄色の顔」とあることに注目した。英国からの「香港返還」を意識し、「恋人香港よ、同じ黄色い顔をした私の胸へ帰っておいで」と歌っている。そして、香港を契機として、大地の民族が海洋への関心を高め出したことに、私はある種の脅威を感じた。

また、日本人は黄色人種であることに劣等感を抱いている。しかし、中国人はそうではないように思える。中国研修生に聞いてみたところ、「それは色が白い方がいいですよ」と笑っていたが、同時に、中国では「黄」は最も明るい色を意味するとも言っていた。考えてみると、古来中国では「黄」は中央の色と考えられ、また土の色として最も貴ばれたとされている。中国文明を育んだ漢中の大河は「黄河」であり、これを治めた古代文化の大成者は「黄帝」と呼ばれている。菊の花は一名「黄華」であり、人が死後に行く国は「黄泉」である。そしてこれは日本でも「よみのくに」の漢字表記となっている。

いま日本は、英語一辺倒になっている。英語の公用語化を唱える論もある。中高等教育における英語学習の強化は必要である。しかし、それは母語である日本語の習得練磨の土台の上におこなわれなければならない。私は、英語に長けた私の友人や知人が英語公用語化などは鼻にも引っ掛けないことを知っている。さまざまな外国人に接していて、自国固有の言語、あるいは文化をおろそかにした国の人たちの教養知識と品性の低下を感じとる。

日本人のなかには、われわれの祖先が中国文化と漢語を導入したことに引け目を感じたり、逆に拒否反応を起こす人がいる。かっての祖先が、それを自家薬籠中の物とした努力を知らない。近代日本における開明者や作家たちが、豊富な漢語と西洋語の知識を持ちながらそれに溺れず、近代日本語を築きあげてきた歴史を私たちは振り返ってみる必要があるのではないだろうか。

その他この年の記憶

1．日本の立ち位置

日本の気候・環境は黒潮と東アジア大陸を渡ってくる偏西風によって規定されている。近年における西日本の針葉樹林の枯死や、中国からの黄砂、南太平洋のエルニーニョ変動の影響をみれば、そのことは容易に理解される。

中国から日本へ来た技術研修生に徳島の第一印象を尋ねると、口をそろえて、城市（街）が清潔で空気・山水が美麗だと言う。一番行きたい場所は「海」である。彼らは徳島の山林や河川敷に不法投棄された塵芥や廃棄物のことは知らない。海岸が埋め立てられ、自然海浜が消滅していっていることは知らない。故郷へ帰ったら、日本で学んだことを忘れずに祖国の富国化と環境改善に努めたいと言う。中国の工業化に追い上げられながら、両国の環境改善を図らなければならないという重い課題を日本は背負っている。

一九八〇年頃から数年前まで、中国では日本語の学習熱が高かった。経済大国日本へ来るためである。数年前からは英語熱の方が高くなっている。日本よりアメリカ・カナダの方が住みやすいからのようである。私の知っている範囲でも、呂波はじめ何人かの研修生が帰国後アメリカやカナダへ渡っている。

最近また日本語の学習が盛んになって来たように聞く。今度は学生だけではなく商業人も含めてである。先進技術の学習をするための語学学習から、日本市場進出を研究するための語学研修に変わってきているのである。二十年の歳月のうちに、日本と中国の立場は入れ替わろうとしている。

2. ある研修生の日本観と日本語

以下の文章は、日本語教育が終わったあと、研修生が私にくれた手紙の中の一節である。

「日本は是れ一個の美麗な国です。徳島は是れ一個の美麗な城市です。四面に山を環らせ、燻った色の群峰が此処に起ち彼処に伏しています。雲霧繚繞として(雲と霞がたなびき)仙境に入ったかの如くです。河の流れが縦横に交錯し、陽光が照り輝く時、波は鱗鱗と(うろこのように)光り、野鴨や鴛鴦が三三両両(三々五々)、悠閑(悠然)として水面上に在って浮かんでいます。藍を湛えた天空に時不有に(しきりに)大雁が南に向かって飛び去ってゆきます。そして、我(私)は深深とした陶酔の其の中に在るのでした。日本は是れ一個の美麗な国家であるばかりでなく、更に是れ一個の高効率を有しています。快(はや)い節奏(リズム)を持った工作(仕事)方式の国家です。人人は又、工作(仕事)に対峙し、認真(真剣)に責を負い、職を尽くし、責を尽くしているのです」

ここに書かれた漢字は手紙の中の漢字で、それを全部そのまま使って「てにをは」を付け日本文にしたものである。これは立派な日本語である。中国人は決して中国語だとは思わない。しかも、漢字の字面を追えば大意を汲みとることができる。カタカナ英語の乱用を、かつて漢字を取り入れた日本語の成立になぞらえる人がいるが、それは皮相的な見方である。漢字がそれ自体意味をもつ記号とすれば、英語は意味を音素の繋がりによって示す記号である。カタカナ英語はそれをさらに音節に変換した無国籍の言葉である。外国人にも通じないこの言葉は、日本語を忘れた怠け者の記号ではないのだろうか。本来の日本語（和語）と漢語の融合よって完成した体系のなかに、異質の記号体系を吟味もせずにつなげ、そしてそれを多用することが将来の日本語をどのような運命に導いてゆくことになるのかを恐れる。訳の分からない映画のカタカナ題名、ふざけた「テレビキャラクター」や「タレント」の日本語は独りよがりの動物の鳴き声のようなものだ。日本文学と書の陳列を内容とする博物館が、開館の広告に「〇〇日オープン」と書く感覚とはいかなるものなのだろうか。

私は、中国人に日本語を教えるにあたって、カタカナ英語の解説とそれへの日本語の対置に心を用いるようにしている。

3．市場町の研修生たち

その他の記憶に残ることとしては、尹玉芹・張芦芦・束圓、近藤純子といった熱心な受講生との交流を日常でも行ったことがあげられる。この前者の三人は市場町の企業に来ている研修生だったが、本人達の要望を受け、会社の了解を得て、課外に宿舎を訪ね彼女たちの勉強上の便宜をはかったり質問に応じたりした。特に尹玉芹さんは極めて謹言実直な性格の娘さんで、家内が非常にその人柄を愛でて、日曜日に徳島市での生花展などに案内したり、自宅での食事に尹さんと他のふたりを招待したりしていた。玉芹は帰国後日本語能力試験に合格し、その後フランスに渡り今も文通が続いている。また、近藤（段）純子はユニークな少女で、日本人と結婚した母親に引き取られて中学三年生で来日、当初は日本語が全然しゃべられなかったが、刻苦勉励して阿波西高校を経て島根大学に進学、現在は東京の大企業に就職している。張芦芦は研修先の会社にいた日本人男性に見そめられ、研修終了後その男性と結婚した。結婚後子どもが出来てからも時々教室に顔を出し、調理師の資格を取って今はその職についている。長身華麗な容貌の女性で尹玉芹の親友、ときどき玉芹さんはパリから彼女が元気かどうかを聞いてくる。

4．嘉田由紀子さん

この年の七月二十二・二十三日、琵琶湖博物館主任研究員（のち滋賀県知事）の嘉田由紀子氏が姫野雅義氏の「第十堰市民の会」に講演のため来徳した。嘉田さんは私が大阪の会社に勤めていた頃、嘉田さん主宰の「水と文化研究会」の研究の一つとして行われていた「ホタルの調査」に加わった時からの知り合いで、大津で行われた行事などで家内とともに親しくしていただいた方である。徳島へ帰ってからも、嘉田さんに徳島（美郷や鴨島）のホタル情報をインターネットで送信したり、大阪や大津で行われた研究会などにも家内ともども参加した。

嘉田さんはその講演会の冒頭、滋賀県での「水と文化研究会」の活動で、私や家内と実のある交流関係を持ったことを紹介してくださり、姫野さんたちとの昼食会にも夫婦で同席させていただいた。このことは、作今の政党編成問題や政局の流動とあわせ、今となってはひときわ思いの深い記憶として私の脳裏に刻まれている。

県立でありながら国際的なレベルの活動をおこなっている琵琶湖研究所や琵琶湖博物館の設置に当たって、その実質的推進者のひとりである嘉田さんは、研究所建設の時、徳島県の「文化の森」諸施設の見学に来られ、二十一世紀館の多田さん（当時）などと接触懇談されている。私は会社勤務時代、工場排水の海域への分散や影響評価の数値計算に関し、研究所に居られた当時最先端の数値手法研究者であった大西行雄先生の指導を受けるために研究所を屡々訪問した。そうした関係から大西さんの同僚だった嘉田さんとも知り合いになって、その縁から嘉田さんらの「水と文化研究会」のホタルの調査研究会にも参画したのであった。

嘉田さんや文化の森の人々との予想していなかった繋がりに、不思議な因縁を感じているこの頃である。

藤井寺にて

京都へバス旅行　金閣にて

平成十三年（二〇〇一）

日本語教室の風景

この年は、当初前期入門クラスの受講者がなく、金曜日の十九時からの授業のみとした。ただし、AET（英語指導助手）は中国人との同一の授業は無理なので（漢字の問題上）、十七時から十九時まで個別に行うこととした。また、三年半にわたって熱心に出席していたAETのコリンが七月オーストラリアに帰国した。その後キアラなどAETの受講希望者があり、後期十月から新たに水曜日に開くこととしたが、そのAETも顔を出さなくなり、九月以降AETの出席は途絶えた。しかし、初心者の中国人主婦が金曜日組と別個の授業を望んだので、十月以降水曜日の夜間に初心者向け授業を復活することとした。なお、水曜日はAETの都合を考えての曜日だったので、翌年四月からは入門講座を日曜日（十三時〜十五時）に変更する予定とした（教室予約申し込み済みのため、当年度は水曜日で通す……今日ではこうした期中の教室使用変更も相談によって可能であるが、当時は遠慮しなければならないような状況であった）。

また八月には、障害者支援センター「有誠園」に勤めている安部正美さんが、園の障害者への指導教育の参考にしたいと教室へ見えた。そして、のち軽度の障害者を伴って出席し、初心学習者に合わせて発話の練習をさせるなどの試みをされるようになった。日本語教室にまたひとつ異なる風景が加わったのである。安部さんとはその後教室以外のことでも交流をもつようになり、安部さん自身も国際交流協会に入会され、日本人と結婚した主婦との交流や指導に尽くされるようになる。

また、これまで縫製工場の研修生が多かったのが、次第に減りはじめ、電気や土木など他業種の研修生や日本人と結婚した中国人主婦の出席者が増えてきたのもこの頃からである。

こうして、学習者の多様化がさらに進み、私ひとりでの日本語教室の授業がお手上げ状態になってきたとき、幸いにも、安部さんのほか藤野井典子さん、そして、西島久幸さんといった人がときどき教室に出てくれるようになった。

藤野井さんは塾の先生であるが、非常に行動力のある人のように見受けられた。藤野井さんは翌年から恒常的に日曜日の午後出席してくださることになる。西島さんは、かって満蒙開拓青少年義勇軍として満洲にいたことがあり中国語が少し話せるので、授業はできないが中国人学習者の横に座って補助をしてくれたり、文化研修センターでの行事への招待など研修生への時間外の便宜供与に力を尽くしてくださった。

こうして従来とは違って、教室は日本語教育とともに日本の社会学習や生活交流の場のようになっていき、この教室の独特の形が形成されていくことになる。

なお、この地区では二〇〇〇年度以降、従来の〝JET Programme〟（語学指導等を行う外国青年招致事業）による英語指導助手採用から、業者を介しての英語指導助手採用方式に変わり、それ以後略称にＡＥＴ（英語指導助手）を使わずＡＬＴ（外国語指導助手）と呼称するようになっている。

（註：当日本語教室では、JETプログラムによる英語指導助手の出席は、コリンが最後であるが、それら英語指導助手の略号は当初からＡＥＴであり、諸記録にもそう記されている。したがって本書では、コリンまでの英語指導助手の略号にはＡＥＴを用い、以後の外国語（英語）指導助手について記す場合の略号をＡＬＴとしている）

受講者

厳雪、王燕、王暁晨、宋秀紅、万恵、蒋麗影、許延梅

（以上水曜日組）

馬玲、王愛慧、常玉玲、徐麗芳、王桂花、呂萍萍、程建貞、盖玉龍、馮享利、曹風梅、

丁芸芸、劉娜、于増霞、庄偉、鄭秀花、李艶、趙新偉、呂秀芬、陳偉、杜志鵬、卞麗貞、王増秀、蒋麗秀、杜雪、孫愛青、王声、劉桂芳
富士田霧（鄭春菊）、篠原ひろみ（譚銀群）、洙田真紀（苑華）、古本千恵（陳欽萍）、佐藤香（呉世香）、李莉
コリン・ブリッジアー（C' Bridger）、マシュー・リーブス（Mathew Reeves）、キアラ・マリス（Ciara Mullis）
（以上金曜日組）

開講状況

開講日　水曜日
授業時間　十九時〜二十一時
開講日　金曜日
授業時間　十七時 〜 十九時　ＡＥＴ対象（一部研修生希望者を含む）授業（九月まで）
十九時 〜 二十一時　初級後期組対象授業

教室の窓から

当世学習者事情

ジェフェリーのあと日本語教室へ来ていたＡＥＴのコリンの任期が来た。彼の婚約者のイヴと二人を自宅へ招待して送別会を開いた。家内が腕をふるって日本料理と西洋料理の双方を用意した。そしてこの年以降ＡＥＴが日本語教室へ来ることは無くなった。日本語学習熱が無くなったのか、県などの施設や個人的な授業を利用しているのか、それは分からない。この教室に限って言えば、一番大きい理由は、中国人と一緒の授業には欧米人はついて行けないということであろう。そして、英語圏の人間は、日本人の交流相手が出来やすいということである。個人の主婦で英語が少しできるといった人が、知り合った特定のＡＥＴなどに日本語を教え、代わりに自分や子どもに英語を教えてもらうといったことが行われている。また、中国人研修生の学習者の数も減少した。残業か内職の仕事がある時はそちらを優先するからである。しかし、毎年恒例となっている八月十五日の鴨島町阿波踊りには、そうした研修生も含め多数の中国人学習者が関心を持って参加した。国際交流協会が結成する「国際交流連」は会員有志や町（市）職員による鳴り物で、当初から毎年鴨島町阿波踊りに繰り出しており、日本語教室の学習者がその主力となっている。

日本人と結婚した中国人やフィリピン人の主婦は、来日当時は言葉が不自由なため、噂をきいて日本語教室へやって来るが、三か月ぐらい経つと時間就労（パートタイマー）の口が見つかりそれ以降は来なくなる。フィリピン人の主婦は就業する職種のせいか、中国人主婦より長続きしない。連れ子と一緒に来る主婦もある。この教室に限って言えば、中国人の連れ子は優秀な場合が多い。学校でだめだと言われていても、それは言葉が通じないからで、英語や数学の力は持っているので、日本語が上手になればたちまち一般の日本人の子を凌ぐようになる生徒が多い。この年、中国人の子弟で大学へ一名、高校へ一名が進学した。あるフィリッピン人の子は、英語が満足に話せなかった。タガログ語を母語とする地域から来ていたが、その母語も母親と話しているのを横から聞いていると満足ではないようだった。私はこういう現象をみていると、民族の言葉と文化の主体性について考えざるをえない。国道の商店と看板にあふれるカタカナ語とローマ字を見ていると、この地は根元のない虚飾文化の植民地になっているのではないかと思ったりする。

一方、この年から町内や近郊の縫製工場で倒産、破産、廃業する所が増えてきた。生き残っている会社の研修生も日本語学習どころではなくなってゆく。中国人研修生の形も内容もこのころから変容していくのである。

四年間続いた文化の森・電脳交響楽団演奏会への中国研修生の出演も、近郊の会社がすべて出演を許すような業況でなくなってきたため、本年度から参加できなくなってしまった。かって、この街の縫製工場で縫っていた衣類、たとえば婦人物ブラウスは小売価格で一着三五〇〇円くらいであった。それがこの頃には一着一〇〇〇円、スーパーマーケットの安売りではその半額という状況である。一般衣類の多くは中国で作られ、鴨島近郊の縫製会社では国内流行を狙った装飾・付属衣類（アクセサリー）の製造へと傾斜し、限界利益を割るような価格にまで叩かれた衣類を大量に限られた短期の期限内に納入しなければならない、といった生産形態を強いられるようになってきている。

鴨島町では私の知っている三社が価格破壊に耐えて必死になって操業を続けている。私は、それらの企業が頑張り通してくれることを祈らずにはいられない。

そういう状勢下で、音楽会への参加は実現しなかったが、代わりに研修生たちを音楽会に招待するようにした。また、研修生たちへの慰安行事の提供について事業者と話し合い、国際交流協会の「バス旅行」（高知城・龍河洞）や「文化の森友の会」有志による「ボウリング大会」などにできるだけ多く参画できるように努力した。

日本語教室と文筆活動

年度では昨年に属するが、「徳島ペンクラブ」が「随筆大賞」を創設したとの記事が新聞紙上に出た。私は文芸には疎遠な人間であったが、なにか気を引かれるところがあって、徳島へ帰った当時、祖谷から白地、さらに第十の堰などを廻った時の印象、また中学生のときに過ごした住吉・大岡浦での吉野川河口の思い出などを一連の流れとしてとらえ一気に綴って投稿してみた。表題「川の流れ」としたその随筆が思いかけず準大賞に入選し、表彰式がこの年二月十日に阿波観光ホテルで行われた。戸惑いながら会場に行くと、文化の森の電脳交響楽団演奏会に中国人研修生の出演を企画したり、呂波の詩を評価してご自身の詩誌に掲載してくださった桂　豊さんがいらっしゃった。桂さんは徳島ペンクラブの事務局もされていたのだった。諸種の事情から、電脳交響楽団演奏会の舞台への日本語教室研修生の出演ができなくなったその年に、私にとっては初めての分野でまた桂さんとの新たな接点が生まれたことに、私はなにか因縁的なものを感じないではいられなかった。そして、これを契機に私は地元の郷土誌『文芸かもじま』や県の『文芸とくしま』、そして、このペンクラブの「随筆大賞」などに投稿するようになる。

『文芸かもじま』（のち『ぶんげい麻植』）にも、研修生・実習生たちに絡まるエピソードなどを幾編か書いて投稿した。

人との出会いは、私に対してまた新たな視界をもたらしたのであった。

ＡＥＴ．コリン・イヴ送別会

ボウリング 大会　於徳島住吉ボウル

平成十四年（二〇〇二）

日本語教室の風景

前年度は入門クラスの学習者がいなくなったため、金曜日主体（一部水曜日にも実施）の授業としたが、年が改まって新しい研修生が来るようになったのと、初級後期受講者のなかに日本語能力試験の受験希望者が出てきたので、今期から週二回開講することとし、四月度から従来からの受講者の学習を金曜日、初級入門者の学習日を日曜日とした。会社に入ってきた新研修生達は週中は夜間の授業には来られないので、日曜日の日中に開くこととしたのである。また、前年から顔を見せてくれていた西島さん、藤野井さんが今期五月二十六日から継続的に出席してくださることになり、藤野井さんの塾の都合も勘案して日曜日は午後一時からの開講とした。

受講者

許延梅、厳雪、宋秀紅、蒋麗影、郭暁丹、袁秀春、姜輝、杜雪、常秀娜、趙海浜、

付元鶴、劉麗云、鄭秀花、楊春、樊秀艶、杜雷、唐数純、丁芸芸、白雪
中野Ganare、マリン・デザ・ローサ、白井アルリン・メイ、劉海栄（正木）、森本真吾
（以上日曜日組　短時日のみ出席の人あり）
艶暁麗、曹風梅、丁芸芸、馮亨利、王増秀、卞麗貞、劉娜、劉桂芳、丁金森、秀培清
篠原ひろみ（譚銀群）、劉麗雲（太閤）、富士田、艶華、洙田、孫〇〇、黄〇〇
ジェシカ・リー・アーノット（Jessica Lee Arnot）
（以上金曜日組）

開講状況

開　講　日　日曜日
授業時間　十三時〜十五時　初心者および初級前期向け
開　講　日　金曜日
授業時間　十九時 〜 二十一時　初級後期組および日本語能力試験受験希望者対象

教室の窓から

土成「うどん祭」と研修生

二月二十四日、川向かいの土成町の「うどん祭り」にS社研修生五名を連れて参加した。会場の「餐の館」に着くと、笑いながら私に近寄ってくる人たちがいた。かって私が導入日本語教育を受け持ったときの研修生であった。一年半から二年半ぶりに再会した実修生たちはすっかりあの時とは変わっていた。日本へ着いた時は里芋のようだった娘（失礼）が、もうすっかり大人の女性になっていた。彼女らは私に記念写真に一緒に入ってほしいと頼むのだった。私はここにもまだ苦しみを乗り越えて操業を続け、彼女らを「うどん祭り」に連れてくる会社の存在することを喜んだ。余興の時間、求めに応じて私は研修生たちと一緒に三年前の電脳音楽会の出演曲「明天会更好」（明日更に好く）を合唱した。その日私は風邪気味だった。歌いながらなぜか咽せかえって涙を流した。同席していたＡＥＴや留学生が不審な顔をして私を眺めていた。それは咳の涙だったのだろうか、研修生たちへの祈りの涙だったのだろうか。

半日旧交を温めたあと名残を惜しみながら私は彼女たちと別れた。

鴨島の企業研修生を会社に送り届けたとき、「うどん祭り」に行かなかった研修生がひとり居なくなっていることを社長から聞いた。その研修生は隣町の倒産した縫製会社からS社が引き取った者だった。そして、かわりに研修生たちの部屋の押入に別の研修生が隠れているのが発見された。隣町のK社の研修生だった。ふたりは一緒にS社を出ることを示し合わせていたが、何かの手違いで行き違いになったものらしかった。その研修生はK社に送り返されたが、のちK社が倒産して結局S社がまた引き取った。

研修生Gの苦難

七月のある日、K縫製のG・Xから手紙が来た。「社長は給料を払ってくれない、どうしたらいいか」と書いてあった。研修生が無駄使いしないように社長が現金を渡さずに郵便局などへ預け入れる例はあるが、この場合はそうではないようだった。彼女は二〇〇〇年二月に受け入れ教育をした研修生であり、終了後日本語教室へも出席していたが、会社が遠いのと、以下に述べるような問題があったためか顔を見ることがなくなっていた。

ちゃんとした日本語で書いてあったが、封筒の中にもう一通あってそれは中国語で書かれていた。社長に自分の気持ちを伝えたいが、間違った言い方をしてはいけないので、私に日本語に訳して欲しいというのである。

「他のものはみんな帰国したり別会社へ行ったりしたが、自分はあなたの会社に殉ずるつもりです。社長元気を出してほしい。私も必死になって働いて会社が立ち直るまで頑張ります。もし、どうしても社長にお金が無いなら、私が国へ帰った後でもいい。自分はお金ができるまで待ちます」といった内容の長文の手紙であった。

私は一応全文を翻訳したが、渡すにあたっては、「お金ができるまで待つ」というのは書かない方がいいんじゃないか、と註書きしておいた。そして、経営者が従業員に給料を払うことは当然の義務である。社長はあらゆる努力をして貴方たちに給料を払うべき義務がある。給料をもらうまで中国に帰らずに頑張りなさい、といった内容の返事を翻訳文に添えて送った。

Gはそれからも度々手紙や電子メールや電話を寄こしてきた。この頭のいい感傷的な娘は一年間を一人会社に残り、破綻しかかった企業の有るとも無いともない縫製作業を続けていた。心細さに打ち負かされるのだろう、夜の夜中に電話をしてきて、話しながら泣き出すこともあった。

私に出来ることは何だろう。彼女の話し相手になることしかないのだろう。私は知り合いの縫製会社を回って情報を集めた。K社の社長はこぼれ注文を取ったり、ミシンを売りに出そうとしたりしていた。破局が近いことを知って、私は帰国するまでに未払い給料の請求を続けるようGにくり返すしかなかった。彼女たちを日本に連れてきた受け入れ組合の中国人にも面会したが、雇用契約が過ぎているので関係ない、とけんもほろろの応対だった。九月には日本語教室でいろいろ話し合いをし、いちいち教室に来なくても済むようにGとe-mailの交換ができるようにした。また、十月には文化の森の電脳交響楽団演奏会に招待して傷心の彼女を慰めるように努めた。事情を知った文化の森の多田さんは、彼女に自分のアドレスを教え交信する便宜を図ってくださった。

この種の問題は数多いが、われわれにはどうしようもない。解決する術もなく、ただ当人の気持ちを和らげることしか仕方がない。十一月十七日に行われた協会のバス旅行（姫路行き）にも、袁秀春、丁芸芸　馮享利たちと共にGに声をかけ連れていくなどのこともした。

二〇〇三年一月、Gは帰国した。帰国の日、基本手当に当たる額の金をGは受けとったと電話で知らせてきた。

Gの言い分では、保険料や一時立て替えの金額が未払いだと言っていたが、その当否は研修契約内容と支払いの経過を知らない私には判断のしようがない。K社は実質倒産していた。Gは帰国の数日前に、ミシンもパソコンもみんな運び出されてしまった、と言って電話してきた。それはあるいはGの給料に変わったのかも知れない。帰国の前日、車で一時間かかるK社へ私は行った。家内も同行した。社長は不在で、ガランとした作業場でGは一人で仕事をしていた。私は餞別金と家内が見立てた化粧用具入れを記念に送って別れた。中国に帰ってからも、彼女の依頼に応じて、税務事務所や社会保険事務所、そして県警本部などへの問い合わせの中継ぎをした。保険事務所関係は証拠の書類や保険手帳を提出すれば保険金は返還する、と言ってくれたが、保険証を彼女が会社からもらっていないのでどうすることもできず。県警は犯罪の事実がなければ、捜査することができない事情を、中国語の達者な警察官から彼女に説明してくれた。

半月後、彼女の故郷・瀋陽から電話や手紙をもらった。先に帰国した同僚や家族からは「馬鹿みたい」と言って笑われたと書いてあった。彼女は再生したらしい。そして、日本語の専門学校へ入りました、と知らせて来た。

Gは翌年日本語能力試験一級に合格する。そして、更にそのあと現地日本語学校の教師に採用されたと嬉しい連絡があった。

（Gについては後日談がある。帰国後十五年が経ったとき、彼女は息子を連れて徳島まで私に会いにやってきた。勤めていた会社の社長にも会った。そしてそこに感動的な大団円がまっていた。十五年を経て彼女はすべてのわだかまりを払拭し、爽やかな表情で中国へ帰って行った。私はこの十八年に渉る彼女の日本との関わりを五十枚のドキュメントにまとめ残してある。彼女の息子の名前には「森」の一字が使われている。思い出多い徳島・「文化の森」の名に因んだのだそうである）

協会十周年記念講演会

二〇〇二年八月、鴨島町国際交流協会は設立一〇周年を迎えた。これを記念して講演会を持つことになり、相談を受けて「国際交流基金」の吉澤部長を紹介した。吉澤裕さんは、私が勤めていた頃ある大きい「国際会議」の設立事業に企業側から派遣されて参加した際に、外務省から派遣されてきていた人で、そのとき以来の知り合いであった。いまでも年に一回、その時の関係者が集まって一種の同窓会のようなものを開いている。

外務省の問題が報道機関を騒がせている時だったので、事務局を通して内容を明確にしておいた。外務省の事務官を通して交渉と手続きを全部電子メールで行った。今となっては当たり前のことであるが、その当時としては、私は情報化時代であることを強く実感したことだった。

外交は何のバックもなくて行えるものではない。軍事力は勿論、経済力、文化力に優位性が失われてきた今日、日本外交は何をバックにして進んでいけばいいのだろうか。これからの日本において大切なのは協同力だと思う、と吉澤さんは言っていた。協同力は国の内のみではなく国と国との協同をも指すものであろう。的を射た指摘であったと私は思う。

いま日本では個の尊重のみが重要視され、協同ということをないがしろにするような風潮がある。これでは国際的な競争において日本の力は低下してゆくのではないかと私は恐れる。

中国の辞典

九月二十二日、文化の森の野外活動に、私は馮亨利と篠原さん（譚銀群）を誘って参加した。保津川下りと嵐山・天竜寺の散策である。家内は彼女らに付き添ってくれた。馮亨利は嵐山の周恩来詩碑に甚《いた》く感興を抱いて動こうともしなかった。

自転車で四十五分かかるところから、雨の日も風の日も通ってきたこの馮亨利は、年末の日本語能力試験一級に見事合格した。彼女のお祖母さんは亨利の日本行きのときに猛反対したそうであるが、お母さんからは私にお礼の手紙と一緒に中国の代表的辞書『辞海』が送られてきた。中国語について解らないことがあると、私はその重さに耐えかねながら、また、馮亨利のことを想い出しながら『辞海』を引いている。

数年前のF社の研修生、単暁紅さんのお母さんも、大冊『唐詩鑑賞辞典』を送ってくださった。三千の代表的唐詩が解説・論評付きで編纂されているこの書を、私は時に当たりひとり紐解いては鑑賞の酔いに浸るのである。

「筆の走りは此処までできたが、先ずはこれで前半の十年の回顧を終わろう………。

会社を退いて鴨島に帰ってきたとき、世は３Ｋの時代といって騒いでいた。振り返って、高齢化・国際化・高度情報化社会が私にとって何ほどのもので無かったことに誰が気付いているだろうか。・・・・ばらばらと一通り引っかきまわして終わっただけである・・・・。

内容紙幅ともに不満足である。そして、その内容については私は再び読むに忍びない。人々がどのように思われようと、ここに記録した事がお気に召そうと召すまいと、それは私のあずかり知らない所である……………」（小娘・馮寧寧の名文の口調を借りて）。

この一〇年間、私は何をやってきたのだろうかと思う。無我夢中で右往左往しているうちに一〇年が過ぎてしまった。３Ｋという大きな課題に私はどう対処して来たのだろうか。

このたび、これを書くために協会の記録を検索していたところ、五年前隣町の高校へ赴任してきたＡＥＴ（英語指導助手）が協会へ送った手紙に出くわした。それは、こんな書き出しで始まっていた。

My Impression of Japan　　By: Sophia Kha

When I first applied for the JET Program, I was not sure what I was getting myself into. Was coming to Japan to teach Engrish worth leaving a stable job and a comfortable lifstyle that I had in America ? After having arrived here and living here for a while, the answer to this question was a wise choice that I had made for myself.

A major factor for my feeling this way is due to the good people of this country. Since I have been here, I have only been greeted with warmth and kindness by the Japanese people. I feel that this is the main reason why getting accustomed to my new lifestyle here is so easy. I had thought that living here would be a lot more difficult, especialy because of the fact that I cannot speak Japanese. However, this language barrier has not been too much of an obstacle for me. I have been able to get by alright so far. Although I must admit I do need to learn Japanese.

While on the subject of learning Japanese, I would like to take this opportunity to thank Mr.Murakami of the Kamojima International Exchange Association for volunteering his time to teach Japanese to non-nativespeakers like myself.

Thank you very much　Mr. Murakami.　…………

そしてまた、偶然にもその日、その三年前に受け入れ教育で日本語を教えた研修生からの手紙を受けとった。

「こんにちは、おひさしぶりですね。お元気ですか。長い時間に、先生に手紙をかいたことありませんでした。済みません。先生と一緒に勉強した時とても嬉しかったです。いまもう一度、勉強した時の写真を見ているうと本当に懐かしいです。……十月、たぶん親許に帰る。日本に着いた日のことを覚えています。まるで昨日のことのようです。言葉の違う国で暮らすのは大変でした。でも苦は楽のたね、先生正しいですか。……この手紙が着く頃は、中国の教師節です。先生、教師節おめでとうございます。私はもう一度日本に来たいです。そのときぜひ先生に会いたいです。

あなたの学生　徐艶麗　」

私はいま自問する。至らない私の授業も少しは在留外国人のためになっていたのだろうかと。

休憩風景　左奥・藤野井先生。その向かいは郭暁丹

―更に、苦闘の五年間―

平成十五年（二〇〇三）～平成十九年（二〇〇七）

平成十五年（二〇〇三）

日本語教室の風景

前年から藤野井典子さんが日曜日の午後・・・塾の授業の無い時間帯・・・十三時から十五時の間継続して授業を受け持ってくださる体制ができ、この年から日曜日を初心者、金曜日の夜間を初級終了者および日本語能力試験受験希望者向けとする授業形態が定着することになった。教室は従来からの研修センターで最も広い二階の第5教室である。

もちろん、各曜日のなかでも出入りがまちまちで学習進度にも差異があるので、対象者、あるいは当日の出席者の顔ぶれによって授業内容の選択や配分に気を使わなければならないが、決まった曜日と時間（受講生の都合や希望の日時を聞いて設定した）に開講できるようになったことは、それまでの状態と比較して格段に安定し、また楽なものとなった。

藤野井さんは塾を経営する教師であるから複数のレベルが異なる学習者に接することには慣れており、ある人にはワークシートを渡して自習させ、その間に他の説明が必要な人には解説をするといった方法で、複数のレベルの異なる学習者に対応していた。そして、英語圏の学習者は主に藤野井さんが、中国人研修生は私が受け持つというスタイルが形作られていった。藤野井さん以外にも教室を訪れる人もいたが、受講者の様子（英語圏の人だけでない、レベルがまちまち、といったこと）や、無報酬ということがわかると身を引かれる人がほとんどであった。その点、藤野井さんの継続的な参加は、限られた時間であるとはいえ、これまでと比べると非常に心強いものとなった。

一方、日本人と結婚した中国人主婦や帰国中国残留孤児の子弟などは、生活面からも就職面からも早く日本語を習得しなければならないので日曜と金曜の両方に出席してきた。そして、その日本語力を急速に伸ばしていった。そのうち主婦の劉麗云　鄭春花と会社の倒産で苦労した元実習生G・Xの三名はこの年度の日本語能力試験一級に合格する。

また、当期の特紀事項は、韓国人（李在官）の継続した出席が期末からあったこと、日本人と結婚した中国人主婦の出席者が増えたことである。そのうちの馬麗紅さんや袁秀春さんは、その後も長く日本語教室に出入りすることになる。

地域で生活する外国籍の人が単に日本語を覚えるということだけではなく、慣れない異国での生活のなかで、不安や寂しさといった心の孤独感を癒し、また社会や人との交流の接点を求めて教室にきていることに、私たちが気付くようになったのもまたこの頃からのことである。

李在官氏は、研修生の名でビジネスのために滞在していたようであるが、講義調の授業を好まず会話だけやって欲しいと言うのだった。全く偶然のことであるが、幸いにも前年十二月から佐藤縁（ゆかり・男性）、大石友香、桑原郁代さんの三人が手伝いにきてくださっていたことと重なって、翌年から藤野井さんの差配のもと、佐藤さんを主軸に大石さん、桑原さんなどとの会話授業が一対一で行われるという光景が教室に初めて出現することになった。

受講者

袁秀春、鄭春花（早川春花）、早川　航（わたる）、劉麗云、篠原ひろみ（蔡徳珍）、篠原裕、袁暁麗（三木）、馬麗紅、韓瑞平、劉海栄、譚雪梅、李延慧、孫林江（多田）、徐東、宮智倫、薛霞、鞠萍、王増秀、　李在官（韓国）
マーメル井元（スリランカ）、アリスン・コッサー、パッディング、
プドウング、ウオンニム・クリッサナ（インドネシア）
（以上日曜日組　短時日の人複数あり）
袁秀春、劉麗云、鄭春花、馮享利、丁芸芸、馬麗紅、卞麗貞、張維霞、鄭克霞、王増秀
韓瑞平、薛霞、鞠萍、袁暁麗

ジェシカ・アーノット、ウオンニム・クリッサナ、ジョナサン・アロイック・オルファノ
（以上金曜日組　日曜日にも出席の人あり。また短時日の人を含む）

開講状況

開　講　日　日曜日
授業時間　十三時〜十五時　初心者および初級前期向け
開　講　日　金曜日
授業時間　十九時〜二十一時　初級後期組および日本語能力試験受験希望者を対象

教室の窓から

強い印象を残したひと

1．マーメルさん

マーメル井元という女性が教室にみえるようになった。川島町に住むという井元氏から電話があり、

「外国人の妻に日本語を教えていただけないか」という。非常に丁寧な口調での依頼であった。どの言語圏のひとですかと聞くと、ヒンディー語、タミル語と言いかけて電話の向こうで失笑し、「英語が話せます」と言い直したので、藤野井さんにみてもらうつもりで了承した。九月十九日にマーメルさんは夫君とともに教室に現れた。そして私は息を飲んだ。失礼だが夫君は色白の立派な風采と態度のひとであった。そして、マーメルさんは漆黒といっていいほどの肌の色をした婦人であった。初期にこの教室へ来ていたニシ・グプタさんは褐色の肌をしたインド系のアメリカ人で、非常にノーブルな顔立ちのひとだったが、このマーメルさんもニシさんのようなnobleな感じの女性であった。

澄んだ大きな瞳、高い鼻、広い額、人を引き込むような表情と知的な雰囲気に私は気圧《けお》されるような感を抱いた。そして、彼女は生粋の英語・・・Queen's English を話した。

マーメル井元さんは、九月十四日このようにして教室に現れ、十月十九日教室を去っていった。夫君から電話があり、彼女の父親が危篤のため十一月四日に急遽帰国した旨連絡があった。そして、来年四月にはこちらへ帰る予定で、その時にはまたよろしくお願いしたいと挨拶された。

その日空港から電話があった。彼女は早口の流暢な英語で、

「急遽帰国しなければならなくなった。突然ご迷惑をかけてまことに申し訳ない。どうかお許しねがいたい。突然のことでやむを得ないことをご了承ください」

と何度も繰り返すのだった。

彼女は、スリランカの人だった。そして、驚いたことにスリランカに着いてから、同じ趣旨の電話をかけてきた。私はその気配り様に驚いて、

「事情は全て了解しています。気にしないで」

とだけ返事することで精一杯だった。

のちに、彼女の父は政府の要人で、彼女は英国ケンブリッジ大学に学び、弁護士の資格を持っていること、川島では地域の主婦たちのサークルに参加し、みんなの人気者だったということを知った。

彼女が帰ったころ、ニュースでスリランカの政変を報道していた。マーメル女史のその後の消息は不明だが、短い期間のうちに残していったその印象はいまも消えることがない。そして思う。世界は広い、と。

2．馮享利のこと

馮享利は市場町にある業務用電池製造会社の研修生だった。彼女は自転車で阿波中央橋を渡り四十五分かけて、二年半熱心に日本語教室に通ってきた印象に残る娘である。

二〇〇二年八月三十日（金曜日）、私の授業のメモにはこう書いてある。

「雨激しく、休もうかと思っていたが、馮より電話があり迎えにきてくれないか、という。出願用紙（註：日本語能力試験）を届け、帰路が危ないから授業は中止ということにする。文化研修センターに寄り、八時まで留まる。誰も来ず。町内排水溝溢れ、自動車渋滞」

この年の十五号台風の接近で大荒れになった日のことである。事前に皆に連絡し、今日は休みということにしたのであった。ところが馮だけが授業をして欲しいというので、こちらから宿舎まで出かけたのであった。

「台風が来たら、中央橋を渡るのは危ないから帰られなくなるよ。そんなことになったらどうするつもりよ」

と私が言うと、彼女は平気な顔で

「その時は研修センターに泊まります」

というのであった。

私は用意した教材を与えておき、大急ぎで帰ってきて、念のために研修センターに寄り誰も来ていないのを確認してから帰宅した。

二年半にわたり殆ど休むことなく勉強にきたひとはあまりない。享利はそのひとりであり、日本語能力試験に合格してからも帰国までの半年間教室に顔をみせていた。

彼女は残業が無いときは、夕食、入浴を済ませた八時頃から、残業があるときでも十時から夜中の一時までひとり勉強をしていたそうである。強い意志と体力をもった娘なのだろう。

「夜中に眠たくなるでしょう」

と私が尋ねると、彼女は

「はい、でもみんなが寝静まって、眠たくなるころになるとネズミが顔を出すんですよ。〝ああ、お出ましかい〟といって語りかけ、眠気を醒まして勉強しました。ネズミのお陰です」

というのだった。私は二の句が告げなかった。そして「お出ましかい」という言葉遣いをさらりとすることに驚嘆せざるを得なかった。

七月二十七日、私と家内は馮享利と丁芸芸の二人を自宅に招待して送別会を催した。安部さんも娘さんを同伴して出席してくれた。また、八月二十二日には送別を兼ねた最終授業を行い中級修了証書と電子辞書をお祝いに送った。安部さんはお菓子とジュースを用意して参加してくださった。なおこの授業には袁（野村）さんのほか、馮享利の先輩である元研修生・張芦芦紹介の馬麗紅さんが参加している。馬さんとは、その後現在まで日本語教室や協会の活動に協力してくれている日本名・坂本さんである。

小さい教室にも目に見えない友愛の糸が網となって広く繋がっていることを、いま私は改めて強く自覚するのである。

馮さんからは、帰国後故郷の瀋陽で日本語教師をしたあと、北京で日本語と中国語の語学校を経営しているという連絡があった。そして、中国の「教師節」の日に「私は生徒から沢山の贈り物をもらいました。日本には教師節がありませんから、先生には悪いですけど」という手紙をくれたりした。私は「貴女からのこの手紙が何よりの贈り物です」と返事した。

また、新しく教室に来た中国研修生が「わたしたちは日本へ来るとき、馮享利先生から日本語を習いました。日本へ行ってもし鴨島町に近い職場だったら、村上先生の教室に行きなさいと教わりました」といって私をびっくりさせたこともあった。

後年、私は次のような事実を知った。馮享利は宿舎の近くで「たこ焼き屋」をしていた老夫婦と知り合いになり、よく訪れては実の娘のようにしてもらっていたという。彼女も年老いた夫婦の為に掃除や洗濯など家族のようにして尽くしていたのだという。奥さんは非常に教養のある人で、馮はいろいろなことを教えられたという。馮享利の完璧に近い日本語はそこで磨かれていたのであった。日本と日本人を愛してくれる彼女の情操は、目につかない市井の一日本人によって培われていたのである。

阿波踊り・今年も勢揃い　中列左から二人目は女流書家・吉野美苑女史

平成十六年（二〇〇四）

日本語教室の風景

　授業スタイルが定まってきて、多人数かつレベル差の大きい受講生に対して比較的安定した対応がとれるようになった。劉麗云、早川春花といった能力試験一級合格者も継続して出席してきた。早川さんの子の真理ちゃん（中学生）、航くん（小学生）は学校での補習もあって急速な進歩を遂げ、他の中国人との授業では物足らなくなって、期中から継続しては出席しないようになったのはむしろ喜ぶべきことであった。また、親の早川さんは、一級合格後も引き続き教室に出てきて、手の回らない初歩レベルの中国人について教えてくれるという喜ばしい風景が見られようになった。劉麗云（太閤）さんは、極めて頭脳明晰な行動力のある主婦で、膨大な日本語の自習ノートをもってきて、難解な言葉の質問だけをしてあとは初心者に手をとられている私たちの邪魔をしないようにするのであった。例えば、彼女の質問には銀行用語や為替や貨幣に関するものが多くなった。機を見るのに敏な彼女は、日本語検定に合格という目標を短時日に達成すると、当時大きかった為替相場の変動を利用して通貨の売買を考えているようで私を驚かせた（この年の後、太閤さんは続けて二児をもうけ教室には来なくなる。いま考えると為替の勉強をしていたのは、あるいは家にいて利を得られる手段を講じていたのかも知れない）。長い期間を通じて異色の存在と言っていい婦人であった。

韓国人の李在官さんは、佐藤縁さんや大石・桑原といった娘さんと一対一の会話を楽しんでいた。何かの用事で事務所に行かなければならなくなり、自習していて下さい、と言って教室を離れ、しばらくして部屋へ帰るとみんなが車座になってわいわいと和やかに話している。中国・フィリピン・インドネシア・韓国の人々が、どうして意思疎通できたのだろうと思って聞くと、「先生、当然日本語でですよ」と言われた。私は自分の愚を恥じるとともに、言いようのない喜びが胸に湧いてくるのを押さえることが出来なかった。そして、彼らが教室の存在意義を私に示してくれたことに感謝した。

さまざまな国の人びと日本語で語らい和む日曜の午後

なおこの年、十一月二十八日、徳島大学の三隅教授の日本語教育に関するアンケート調査と教室見学があり、「活発な授業が行われているのに驚いた」という感想をいただいた。

受講者

袁秀春、早川春花、早川　航、早川真理、劉麗云（太閤）、篠原ひろみ、篠原めぐみ、
袁暁麗、馬麗紅、劉鳳蓮（谷口）、陳永姣（板東）、馬存念、遅中華、
呂秀芬（安芸）、鞠萍、薛霞、中尾真、王金蓮（今岡）、王志軍
アグス、プディ、（インドネシア）
李在官（韓国）
△孫洪侠、戴岩、李清、呂栄賢、盧娜、程錦、張瑩、黎王娥、張海霞、孫愛華、王翠、
劉雪梅、王洪霞、宋栄芹、金永華、袁秀英、孟慶軍、馬存年、薛洪侃、巴景華、
何蓮求、陳佳祥、趙燁、
崔玹碩、金孝澤（韓国）
（以上日曜日組　以降△印は短時日出席者を示す）
袁秀春、馬麗紅、薛霞、鞠萍、王志軍、遅中華、劉麗云（太閤）、呉占英、樫本芦芦
△　張維霞　卞麗貞　鄭克霞　巴景華　洙田真紀　馬存念　袁暁麗
ウォンニム・クリッサナ（インドネシア）
（以上金曜日組　以降△印は短時日出席者を示す）

註：本年度ぐらいから受講者の出入りが激しくなり、短時日で来なくなる人が増えてきた。したがって、本年度以降短時日の出席者を別に区分けして示すこととする。

開講状況

開　講　日　日曜日
授業時間　十三時〜十五時　初心者および初級前期向け
開　講　日　金曜日
授業時間　十九時〜二十一時　初級後期組および日本語能力試験受験希望者対象

教室の窓から

中国語と日本語の比較断片

早川さんは中国残留孤児の帰国子女である。もうネイティヴと変わらない日本語を喋るようになってきた。残留孤児に対する補償を求める訴訟が全国的に拡がり、徳島でも訴訟が起こった。あるとき、「お母さんは、」と二人だけの時に聞いたことがある。「母も加わっているんですよ。私はやめときと言ったんですけど、そうもいかないらしいです」と、申し訳なさそうに言うのだった。私は早川さんは生粋の日本人になったなと思った。

　早川さんや太閤さんのレベルになると、中国語と日本語の関係について考えさせられる。そして、面白く意外なことが話題になる。この年、話に登った例を二、三あげてみると、

○「子どもに食べさせたいばかりにパンを盗んだ」という文の「ばかりに」という意味が解らない、と訊ねられた。「(食べさせたい)一心で」と大体同じだ、と言うと、分かりました。中国語では「一心　想給孩子吃　偸了面包」といいます、と言う。今度は私がなるほどと言う番である。

○「先生は〝jueshuo〟です」と言うので、字に書いて、というと「矍鑠」と書いた。「それ日本語にもなってるよ。「カクシャク」と読む」というと向こうが感心している。逆に相異なる表現もある。どう捉えるか、という感性の相違によるので、表現が変わってくるのである。

○日本語でいう「細かいお金」は中国人には奇異に感じるらしい。中国語では「小銭」である。「小さいお金」というわけである。もっとも、日本語でも小銭《こぜに》という。

○日本語の「端的に言って」の意味を問われた。説明は非常に難しい。簡単に要点をいうと・・・・といっ

た説明をしていると、ははあ、「開門見山地説」ですね、と言う。うーん、なるほど、と私は唸った。後で辞書を引いたら、「直裁了当地説」ともあった。

○今は日本では全然言わないが、私らは中学（旧制）で、日本と中国は「同文之邦」だと習った、と話したことがある。彼女らは不思議そうな顔をして聞いていた。

韓国人受講者

この時期、三名の韓国人が教室に来たが、金孝澤は李さんとの連絡で来日したときに顔を出しただけで間もなく帰国したようだった。また、昭和精機から依頼のあった崔玹碩も会社の方で教育することになり、長期にわたって出席した韓国人は李さんが最初で最後の人となった。李さんは、二〇〇四年三月二十八日に教室に来て、翌四月四日から二〇〇五年三月十三日まで約一年間ほとんど休むことなく出席した。研修生の名目で来日していたが、一般の研修生とは異なり、当初は鴨島駅前の「尾池旅館」に宿泊して機械の会社でＣＡＤによる金型関係の仕事をしているようだった。

氏名と連絡先だけしか聞かず、個人についての詮索はしないのがこの教室の方針だったので、李さんの細部については知らないが、この期間を通じて後の日本との取引の基礎を固めたのだと思われる。二〇〇五年三月十三日・日曜日、授業が終わったとき、この日会話の相手をしていた桑原さんを通じて、

「来週韓国に帰ることになったので、今日が最後になります。どうもお世話になりました」と言うのである。私は驚いて、急いで藤野井さんと桑原さん（大石さんは父君入院のためこの日欠席、佐藤さんは昨十二月から東京の会社に復職していた）と一緒に駅前のスナックに李さんを招じ、ささやかながら送別の会を持った。

七年後、思いもかけず藤野井さん宛に以下のようなメールが届いて私たちを驚かせることになる。

「もう七年という時間が過ぎました。今はもう取り戻せない、私の人生にとって短い一年間であるが、徳島で送った時間はとても懐かしい時となっています。

私は、韓国の大邱（テグ）というところで小さな会社を経営しています。徳島から帰ってから、私の生活はとても変わりました。徳島へ行く前は挨拶ぐらいだった日本語も、今はビジネス会話までできるようになりました。それまで、徳島にある一つの会社が唯一の取引先だったのが、今は広島・三重・岐阜・愛知・静岡・群馬に至るまで多くの取引先ができました。最初は自動車のプレス金具を設計する会社でしたが、今年は小さいですけれども、新しく工場も作って制作も始めるようにしております。取引先の割合も、日本のほうが80％以上になるほど成長しました。

しかし、なかなか徳島まで行く機会が取れません。ほぼ毎月、日本への出張はありますが・・・。

今年は必ず鴨島に行って、国際交流協会の日本語の授業に参加したいと思います。

村上・藤野井先生にもお会いしたいです。

私は、あの当時、毎週日曜日になると、徳島駅の上にある国際交流協会と、鴨島の国際交流協会の授業を受け、川島の学駅辺りの家に帰ってくるたび、とても幸せを感じていました。なぜなら、新しい単語、新しい表現法をひとつずつ学ぶことができたからです。

もし、この文を、日本語教室の学生たちが読んでくれるなら、勉強しづらい環境の生徒たちだろうが、自分で一生懸命努力すれば、留学生でなくても、いくらでも日本語が上手になれる、と言いたいです。

話は変わりますが、佐藤先生は東京の会社に転勤になったことをご存知でしょうか。

佐藤先生とは、東京出張の度、何回かお会いして、食事もする友達のようにさせていただきました。

健康のほうがちょっと心配ですが・・・。

では皆さん、お元気で。またお会いできることをお祈りしながら、ここまでにします。

そして、もうひとつ言いたいことがあります。必ず一度、先生たちを韓国に招待し、ご案内したいです。美味しいお店、観光名所にご案内致します。

二〇一二年二月十七日　　李在官」

わたしはその全文を「協会便り」に載せた。そして、藤野井さんはその前文にこう記している。

「二月の寒い朝、韓国から一通のメールが届きました。二〇〇四年から二〇〇五年にかけて日本語教室へ出席していた李在官さんからでした。教室で日本語を習得したおかげで、日本との仕事が成功されたとの嬉しいお知らせでした。冬空に春の光を感じさせるようなメールでした。日本語指導のボランティアは、想像していた以上に根気と努力がいるものです。しかし、受講者が修得された日本語力で活躍されておられる様子を見聞きするのは、なにものにも勝る喜びです。李さんからのメッセージを以下にご紹介いたします。

二〇一二年二月十八日　日本語教室　藤野井典子」

そして私は、この全文を、李さんのいう「徳島駅の上にある国際交流協会」や「ＪＴＭ徳島日本語ネットワーク」で日本語教育を主宰していらっしゃる兼松文子さんに送った。兼松さんも喜ばれて、国際交流の努力の結果が花開きましたね、という言葉とともに、当時李さんを教えた先生にも伝えておきます、という返事が届いた。

佐藤　縁さんのこと

佐藤　縁（ゆかり）さんは、平成十五年（二〇〇三）十二月十四日から教室に顔を出され、翌十六年十一月二十八日まで丸一年間に渉って教室を手伝ってくださった。全くの偶然であるが、大石さん・桑原さんが教室に見えたのが佐藤さんと同じ日であった。そして、一対一での会話を望む李在官さんが出席したのが、この三人の人たちが教室に慣れた翌年の三月だったのである。佐藤さんら三人は、他の受講者の出席状況によって、時には三人で、また時には交代で李さんとの対話授業に当たってくれた。後年になって考えると、このことは運命的なものと感じられ、年齢も性別も異なる三人との会話授業ができたことが、李さんの日本語教室に対する印象を強くよいものにしたのではないかと私には思われてならない。

佐藤さんは、東京から単身赴任で転勤してきて、鴨島町のアパートに住まいしていたが、国際交流協会の日本語教室のことを知って、「手伝えることがあれば」と、来てくださったのだった。なお、大石さんと桑原さんは、高校時代に同窓だったひとで、それぞれ大学を出て（大石さんは武庫川女子大、桑原さんは鳴門教育大）、就職活動の期間、同じく教室のことを知って手伝いに来てくれていたのであった。

十一月二十八日、佐藤　縁さん最後の日、丁度教室の状況を見学に来られていた徳島大学の三隅教授を交え、教室全員で佐藤さんの送別の会を行った。

佐藤さんが話してくれたことであるが、東京から四国の地方に転勤したのは療養的な意味もあったということである。佐藤さんは一見して蒲柳の体質のように見受けられた。

佐藤さんは、この日本語教室に来たことによって、国際交流や日本語教育に関心を抱くようになり、東京に帰ってから地元の「小金井市国際交流の会」に入会して日本語講座や広報活動に従事され、手紙やメールでその活動状況を続けて送ってくださっていた。

李さんのメールにあるように、李さんが東京に来たときには佐藤さんとよく会っており、この教室でのふたりの縁《えにし》は、佐藤さんの名前の縁《ゆかり》のように後々まで続いていたのであった。

李さんのメールに、「健康のほうがちょっと心配ですが‥‥」とある。そして後年、平成二十三年暮れ、奥様からその年の三月十六日、佐藤さんが逝去された旨の喪中葉書をいただくことになってしまうのである。

バス旅行岡山城

一対一の授業実現　右端・早川さんと袁さん、その手前・李さんと藤野井先生

佐藤さん送別会（徳大三隅教授共 21 人出席）

平成十七年（二〇〇五）

日本語教室の風景

熱心に通ってきていた袁秀春（日本姓・野村）の姉、袁秀英さんが来日、四月から初級組に参加するようになった。同時に娘の王月波（中学生）も学校での補習の合間をみて断続的にではあるが出席するようになった。王月波はアイウエオから出発して泣きながら刻苦勉励、のち高等学校、大学へ進学する。私ははじめは解らなくて大変だが、繰り返し練習しているうちに必ず進歩するからといって励ました。藤野井さんは塾講師の特性を生かして王には学科についても指導するほか、袁秀春（野村）、馬麗紅（坂本）、王月波を週一回、彼女の塾に招いて指導してくださった。

この年は従来の中国人研修生に加え上記の野村さん、坂本さん以外に劉芳竹（日本姓本田）さん、村岡琴さん（中国残留孤児の帰国子女）といった主婦が出席するようになったことが特徴的である。この人たちは、ある程度日本語を習得して就職したり、子供ができたりしたのちも、教室に出席して教室との繋がりを今日まで保っている。村岡琴さんは、来日後日本語がわからず、全く孤独な毎日を送っていたが、日本語教室の存在を知って出席するようになり、日本語の学習のみではなく、教室に憩いの場を求めてやって来ていたのだということを後年になって私は知った。私は日本語教室の存在が、単なる日本語学習の場としてだけではなく、いろいろな人との交流と心の憩いの場を外国の人たちに提供しているという側面を持っていることを、この人たちによって気付かされたのだった。

十一月二十七日、「JTMとくしま日本語ネットワーク」の依頼による日本語教室に関するアンケートを行った。教室から二十五名の回答が寄せられた。中味を見ることはできないが、あとで感想を聞いたところでは、一般的な賛辞以外に、

まあまあ役にたっている。

開催を週二回程度にして欲しい。日曜でなく平日（水曜日）の夜がいい。

学費はタダ希望、教材費はとってもよい。

日本語だけではなく、日本文化についても学習したい。

自由会話の授業を希望。

といった意見があって、考えさせられるところがあった。

この年は、教室始まって以来初めてロシア人の出席があった。ロシア人にしては小柄だが非常に可愛らしい顔の人であった。十一月二十日に来日、山川町に在住の年輩の婦人に伴われて来て十二月四日か

受講者

ら出席した。英語がわかるようなので藤野井さんに専属的にみてもらうことにした。翌年四月末まで学習、五月はじめに九月まで帰国するので欠席したい、と申し出であった。その後出席はなかったが、非常に明るい女性で、教室では他の学習者とも盛んに交流し、人気者になっていたのが印象に残っている。また、この年は韓国人研修生五名が出席した。

一方、この年から日本語教室の運営上、私にとって極めて厳しい事態が生じることとなった。わたしの家内は平成十五年十二月に病気に罹り、当初は通院治療で小康を得ていたが、この頃からいろいろな病気を併発して、授業でわたしが不在の間一人で寝ていることができないようになってきた。町内に住むわたしの姉に預かって貰ったりしてなんとか授業を続けてきたが、金曜日の夜間の授業を続けることは無理となり、みんなの理解を得て、平成十七年十二月をもって金曜日夜の日本語教室を当分の間休止することにせざるを得なくなった。

しかし、学習者のみなさんには申し訳なく、また気がかりなので平成十八年二月三日、市原百合子さんと懇談、要請し金曜日クラスを翌期四月から担当していただけることになり、私はひとまず安堵の息をついたのであった。

袁秀春、袁秀英、馬麗紅、早川春花、早川航、早川真理、董艶英、陳永姣（板東）、張華、遅中華、
呂秀芬（安芸）、何蓮求、劉杰、田世凱、程顕強、
于遠景、薛霞、張敏、劉麗、李花、孫会巧、高鴻昌、侯雪、王月波、村岡琴、
村岡龍介、
崔玹碩、林勇、司啓来、何守余（韓国）
イコマン・アグス、イマデ・プディ・アルサ（インドネシア）
ヌヤンジナ・ナタリア（ロシア）
△林麗、洙田真紀、兄玉臣、陳観、周娜、傳水秀、井増青、田玉秀、静静、洪梅、
張丹風、台暁玲、呉玉珍、葉斐斐、喬暁春、楊陽、呂栄賢、于洋、蔡暁逸、呉杰、
丁樹娥、李麗艶、鄒軍暉、李麗艶、劉芳竹（本田）、牛増青、黄暁光、王洪旭、全栄求、
鐘淑玲、王紅、李春玉、陳健玲
（以上日曜日組　△印は短時日出席者を示す）
袁秀春、馬麗紅、王志軍、遅中華、李印波、李静文、呉占英、王月波、李文庸、郭健、
薛霞、劉麗、張芦芦（樫本）、太閤麗云、劉芳竹
尹〇〇、崔玹碩、林勇（韓国）

△馬丁、張敏、呉王珍、張丹風、喬暁春、王茂錦、静静、董艶英、村岡琴、司啓来、プディ

（以上金曜日組　△印は短時日出席者を示す。なお、この金曜日クラスは十二月九日をもって休講となった）

開講状況

開　講　日　日曜日
授業時間　十三時〜十五時　初心者および初級前期向け
開　講　日　金曜日
授業時間　十九時〜二十一時　初級後期組および日本語能力試験受験希望者対象

教室の窓から

ボウリング大会の終結

日本語教室へ出席している人たちを招待して、徳島市のボウリング場でボウリング大会をする催しは、文化の森・友の会の高宮達博さんの発案と好意で平成九年に始まり、以降毎年続けられてきて、この年度も十八年二月四日に行われた。従来は企業主とわたくし、また乾喜美子さんなどの協力者を得て、車で徳島までの送迎をしていたが、企業組合が分裂して複数になり、経営状態や研修生に対する考え方も変化してきて、鴨島町の山田縫製、佐々木縫製以外の企業の助力は得られなくなった。その実状を知って高宮さんは、友人の高田　勝さんに声をかけて、二、三年前から徳島からわざわざ鴨島、土成、市場の各町を廻って送迎をしてくれるようになった。夜九時が門限という企業が一般であったので、わたしは高宮さん、高田さんの身分証明をして宿舎まで送り届けの保証をすることに気を遣った。この年、私は家内の病状の悪化によってボウリング場へ行けなくなったが、高宮さんと高田さんは私に代わってすべてを滞り無く運用してくださった。国際交流協会においてもボウリング大会を在住外国人のために行うことはあったが、ＣＯＭＥＴによるボウリング大会は平成九年以来九年間に渉って連続開催され、日本語教室の中国・インドネシア・韓国などの研修生や外国人主婦を対象に、また李在官さんやロシア人ナターリアといった人も参加して、国際親善と異郷でのそれらの人々の無聊を慰めるのに寄与すること大なるものがあった。

しかし一方、上述のように縫製工場の閉鎖や研修生たちの実態にも変化が起こり、また、私自身の事情（家内の病気の悪化）もあって、ボウリング行事はこの年、平成十七年度（平成十八年二月四日）をもって中止せざるを得ないことになってしまった。

高宮さん、高田さんをはじめ文化も森・ＣＯＭＥＴ友の会の人びとの好意とご助力に対し、本欄の上で心から敬意と感謝の気持ちを表したい。

ある中国人受講生

日本語教室の存在を知って、吉野町から阿波中央橋を渡って自転車で通っていたＷ・Ｚという青年がいる。平成十六年（二〇〇四）十月十日から同十二月まで日曜日初級クラスに出席し、同じ年の九月二十四日からは金曜日の初級後期および日本語能力試験受験希望者対象講座に熱心に出席してきた。

非常に進歩が早く、平成十六年十二月の日本語能力試験二級に合格し、次は一級を目指して頑張っていたが、平成十七年七月二十二日に突如帰国するという連絡があった。

小頭頭（小頭《こがしら》）の意地悪、いじめ、虐待にどうしても我慢できなくなったという。社長は気を遣っていろいろなだめてくれたようであるが、もう、帰ることに決めたということだった。私は心が痛んだがどうすることもできない。ただ彼に同情する以外になかったが、帰国後しばらくして彼から電話があった。彼は中国・遼寧省の瀋陽出身だったと思うが、大連の日系企業の試験を受け、日本語二級に合格していたため即採用され、仕事はきついが希望を持って働いているという内容だった。一般の労働者の三倍の賃金で、これも先生のおかげだというのである。すべて彼の努力によるものであるが、それを聞いて私は胸のわだかまりが解けるのを覚えたのだった。

日本語教室に来ているとき、彼は歴史や社会問題に興味を持ち、私にいろいろな質問をしてきた。政治思想や国家の政治形態、歴史の流れや主義・思想について、誇張も歪曲もせず事実を説明した。彼は、民主主義について非常な興味を示し、そんな話は全然知らなかった。友達も知らない。国に帰ったら是非友達に話してやる、というのだった。

私は、事実はそうであるが、中国へ帰ったら、今はそういう話は表面だってしないほうがいいだろう、と言ったことだった。

この年のあと、二年前から患っていた家内の病状が悪化しその世話にかかりきりとなったため、私は、彼が電話や手紙をくださいという要望にあまり応えずにきてしまい、その後、彼からの音信も途絶えてしまった。昨今のアジア状勢緊張化の中にあって、彼はいま何を考えどう生きているのだろうか。

西島さんのこと

この年平成十七年十二月十日、西島久幸さんが亡くなられた。西島さんは内原訓練所を経て満蒙開拓青少年義勇軍員として満洲に渡った。教室に来られた最初の頃は知らなかったが、やがて親しくなって、私が当時のことに理解を示すことを知ってから身の上話をしてくれるようになった。氏は終戦の年に徴兵検査を受け関東軍に入隊することになった。帰国して両親に会いたいと開拓団長に申し出たが許可されず、「そんなバカなことがあるか」と同時に召集された三人で開拓団を脱出し、日本へ帰って両親に会ってから再び開拓団に戻ろうとした。しかし、ハルビン（哈爾浜）まで来たときソ連軍の満洲侵攻にあってもう開拓団まで帰ることができなくなり、そのままハルビンに留まり知人の会社に入って、一年後一般市民とともに内地に引き揚げることができたのだという。

西島さんが派遣された義勇軍開拓団は、ハルビンから更に北の綏化（スイカ）から桂木斯（ジャムス）に向かう鉄道の中間あたりにある鐵山包駅の北方にあって、小興安嶺を挟んでソ連（当時）と接する地域である。ソ連軍の侵攻によって満蒙開拓団は四散し、なかでも身寄りのない青少年義勇軍の隊員たちの逃避行は一層過酷なもので、満洲の団員三十万人の三分の二は死亡したとされている。人間の運命とはわからないものである。召集による一時的な開拓団離脱が西島さんの命を救ったのである。

そういう「満洲」と関わりのある過去をもっていたことが、中国人が大勢出席している日本語教室へ足を運ばせる動機になったのであろう。研修センターで藤野井さんと知り合ったことも加勢したと思われる。

お二人ははじめ揃って時々教室に顔をみせ授業を見学していた。教室の空気を理解して、継続して授業を補助してくださるようになったのは、平成十四年（二〇〇二）五月二十六日からである、西島さんは前列の中国人たちの間に交じって座り、講義が分からない研修生に説明したり、ときどき面白いことを言ってたちまち中国人たちの人気者になってしまった。縫製業の中国人研修生は一年が経ったとき、学科と実技の試験を受けなければならない。試験が迫ってくると縫製関係の用語について質問するひとが多かった。そういうとき、西島さんがミシンや縫製の用語についてすらすらと答えるので驚いたが、西島さんは日本へ引き揚げてから徳島県の著名な業務用ミシンの会社に勤めていたそうで、後にそのことを知って、私はなるほどと納得させられたことだった。

また、文化研修センターのいろいろな講座、例えば書道、絵画、篆刻、生け花、お茶などを受講していた。特に晩年は一週間ほど教室を休ませて欲しいとことわって、沖縄や香港、そしてアメリカ、オーストラリアなどへ旅行をしていた。きっと、過酷なそして失われた青春の空白期間の埋め合わせをされていたのだろうと思う。

研修センターの講座発表会のお茶会では、師匠と交渉して中国人研修生に御点前を説明してもらったり、無料でお茶会に参加させてくれていたことを今は懐かしく想い出す。

関連して、私は終戦の年中学三年生であったが、六月学徒動員がかかり、私たちの学級は北満の「青葉開拓団」に配属され開拓団の各家庭に分宿して作業に従事した。団の青壮年男子はすべて応召し、働き手は中国人の苦力（クーリ：労働者）とわれわれ中学生しかいなかった。仙台・青葉開拓団は綏化―桂木斯線の王楊という駅から南一キロの地点に本部を置く開拓団で、王楊駅は鐵山包駅のひとつ綏化寄りの小駅である。終戦時、私は西島さんと北満で鉄道を挟んだ近い場所にいたわけである。後に西島さんの話を聞いて、その縁の不思議さを思うとともに、近時日本のテレビや新聞による満洲の当時の状勢や、義勇軍や開拓団、そして引き揚げ時の状況や回顧談などについての報道は、実際とは異なっていて違和感を覚えると話し合ったことがある。戦争中の本当の経験者はあまり当時のことを語らない。話題に取り上げるような生やさしい経験ではないからである。私は西島さんが生きていたら、互いにもっと当時のことを話し合うことができたのにと今も残念に思っている。

京都国際交流協会訪問

平成十八年（二〇〇六）

日本語教室の風景

中国人研修生を主体として、インドネシア人研修生やロシア人主婦など多人数で多様な学習者の構成となる一方で、中国人の出席状況が一部の人を除き非常に不規則になってきたのがこの頃の特徴である。インドネシア人、ロシア人ナタリア、また、王月、藤井詩媛、早川真理など中国人主婦の子女を藤井さんにみてもらい、中国人研修生を主として私がみるという運用形態をとった。

各人のレベルに差があり、また、出席状態が不規則なので、授業内容はその日の出席者の顔ぶれをみて、『新日本語の基礎』各課のまとめ問題や動詞の変化などをベースに授業を進めた。帰国子女などには小学国語の練習帳などを配布した。また、茶話会や自由会話なども取り入れた。早川さんの娘の真理ちゃんは当初苦労していたが、熱心に勉強して急速に日本語に慣れ、学校の勉強を主体にしてやっていけるようになり、やがて日本語教室から巣立っていったのは嬉しいことであった。

早川さんは、日本語能力試験一級に合格したあともずっと日本語教室に顔を出し、初歩の中国人研修生を受け持ってくれるなどして私たちを助けてくれた。

金曜日組は四月から市原百合子さんが受け持ってくださり、市原さんの都合の悪いときは谷本美穂さんに受け持ってもらう体制で、前期末より三か月あまり休講していた金曜日の教室が再開できたのは嬉しいことであった。

なお、金曜日の授業内容として、市原さんから下記の計画が示された。

各月　第一週　読解　　第二週　聞き取り　　第三週　作文　　第四週　会話
この内容は、学習者に日本語能力試験受験希望者がいること、また帰国子女（主として中学生）の急速な日本語能力の向上を図る必要があること、といった両面を同時に満足させるものであり、学習者の構成を見据えたよい計画内容であり、全面的に市原さんにお任せすることにした。

なお、当期から日曜日の授業時間を藤野井さんの塾の時間の都合に合わせ、三〇分繰り下げて一時三〇分から三時三〇分までに変更した。

受講者

袁秀春、袁秀英、馬麗紅、早川春花、早川真理、村岡琴、遅中華、王詳波、殷雨、
劉治彫、張春麗、何謹求、楊雪、李丹、孫燕、劉杰、田世凱、程顕強、于遠景、薛霞、

張敏、宋艶杰、王月（王月波）、藤井（魏）詩媛
崔玹碩、林勇、司啓来、何守余
イコマン・アグス、　イマデ・プディ・アルサ
△劉芳竹（本田）、張敏、蔡暁逸、李春玉、李雪香、李麗艶、淑玲
程星強、武法憲、侯洪梅、呂栄賢、陳建玲、石玉、李営、許婷婷
白迎苗、朱林、孟憲玲、高翠、劉静、超秋菊、田世凱、于洋、張春麗、梁福、張基蔦、
王淼、魏洪梅、王艶、辺杰、呉風娟、王玉紅、許艶妮、
王政義、王静、方〇〇、李雪香、張芳
林相東、韓厳風、朱菊、金一圭、呉仁善、呉傑、駱衍濤、喬文明、卜守政
ヌヤンジナ・ナタリア、　タノン・サック（タイ）
（以上日曜日組　△印は短時日出席者を示す）
袁秀春（野村）、馬麗紅（坂本）、薛霞、村岡琴、王月、呉占英、藤井（魏）詩媛、
　藤井（李）麗艶
（以上金曜日組　本年度からは市原百合子さん・谷本美穂さんが代講。受講者は前年の受講者のうち、帰国者などもあって継続的に出席する人は上記のひとに限られるようになった）

開講状況

開　講　日　日曜日

授業時間　十三時三〇分~十五時三〇分　初心者および初級前期向け

開　講　日　金曜日　四月より再開

授業時間　十九時~二十一時　初級後期組（なお、市原さんの都合に合わせ、期中十九時三十分開始とする）

教室の窓から

ある中国人女性受講者

呉占英は女性。石井町の企業の研修生で汽車に乗って通学していた。教室には平成十六年三月から出席するようになったが、日本語能力試験二級を受けたいと言って、大変熱心に教室に通ってきた。彼女が来るようになった年から家内の病状が次第に悪化し、私は従来のように十分な授業をすることができなくなっていった（以前は、受験生には必要に応じ教室での授業以外に研修センター別室や自宅でしばしば補講を行っていた）。

平成十八年九月、彼女は「実習期間を終えて帰国することになったので、お世話になったお礼に伺いたい」と電話があった。私は「十分なことをしてあげられなくて、ごめんなさい。わざわざ来てくれなくともこの電話で十分です。身体に気をつけて」といった返事をした。

その数日後、彼女は安部さんに連れられてわが家にやってきた。安部さんは、「わたくしに相談があって、帰国する前にどうしても先生に会ってお礼を言いたい」と頼まれたのだという。

家内は床に臥せていたが、話を聞くと病をおして起きてきて挨拶や茶菓の接待をしてくれた。呉さんはというと晴れ晴れとした表情で、

「帰国まえに先生にお会いできてよかったです」

と言うのだった。

帰るとき、彼女は真っ赤な大きい「房飾り」（大相撲の土俵の屋根の四方に下がっているような）を記念にくれるのだった。先生にあげようと思って母親から送ってもらったのだと言う。後で知ったところでは、中国では朱色は高貴な色であり厄災から守る色を表す。また、房のことを中国語では「穂」（sui）と言い、「万歳」の「歳」も同じ発音であることから「長寿」に通ずる意味をもつという。彼女は家内の

健康や私の長寿を念じて「赤い房飾り」を持ってきてくれたのである。

その房は今も家内の病室だった部屋に飾ってある・・・・。

しかし、ふり返ると短時間にせよ家内が人に応対することができたのはこの時が最後であった。この時以降、家内にとって、そして、私にとっても苦しく重い終末期の闘病生活が始まるのである。呉さんは、帰国してからも度々便りをくれた。帰国後の便りにはこんな言葉が綴られていた。

「・・・・今日でちょうど二ヶ月になります。毎日日本にいた時のことを考えています。特に先生たちと一緒に撮った写真を見るたびに日本での楽しい毎日が思い出されます。村上先生に恵まれて日本語が少し話せるようになりました。いろいろとお世話になってどうもありがとうございました。

先生、毎日お忙しいですか。奥さんは少し治りましたか。・・・・今年は日本語能力試験を受ける人は多いですか。私は来年受けるつもりです。合格するかどうか自信がないですけど。・・・・(他に文法的質問・・・・日本行きを希望している研修希望者のことなど・・・・略)

先生を懐かしく想い出しつつこのペンを置きます。それではまた手紙を書きます。

奥さんによろしくお伝えください。

二〇〇六年十一月十一日　　呉占英より」

私はそれだけのことをしてあげられたのかと恥ずかしく思う。もっともっと役に立つように出来なかったかと後悔するのである。そして、すべては後の祭りなのである。

先に王志軍という青年が同じようなことを言って帰国したが、彼といい、この呉占英といい、また他の研修生達もみんな純粋で日本や日本人に好意的である。

昨今の隣国の政治的反日運動はどういうことなのだろう。事態の悪化に対してどこが、誰が責任を持つことが出来るというのだろうか。

COMETとの最後のボウリング大会　中列左から二人目はロシア人のナタリア

平成十九年（二〇〇七）

日本語教室の風景

インドネシア研修生、イコマン・アグス君が帰国するといって八月二十六日挨拶に来た。いろいろ事情があって来られないのだろうが、インドネシア人や中国人でこういうふうに挨拶に来る人は珍しい。

藤井麗艶さんは、詩媛ちゃんのお母さんであるが、十九年一月に当時小学五年生だった詩媛を日本に呼びよせ、母子揃って日曜・金曜ともに熱心に教室に来るようになった。

詩媛ちゃんは、全く日本語ができない状態であったので、学校でも非常な苦労をしたことだと思われる。目を赤くして泣きはらしていたのを見かけたこともある。しかし、彼女は苦労に苦労を重ねて日本語をマスターし、また学校ではイジメにあったりするが、それを乗り越えて日本での生活に順応し、中学を卒業するときには全校で一番の成績をとるまでになった。

平成十八年、十九年度は、私が金曜日の授業に出られなくなった年であるが、幸いにして市原百合子さんの助力を得て、金曜日の授業を続けることができたのは、詩媛ちゃんにとっても幸運なことであった。また、藤野井先生は、学科でも自分の塾で詩媛ちゃんの指導をしてくださった。

この年はまた田青（正木）という中国人の男子中学生が出席するようになった。義父が脇町の畳屋さんだということであったが、そのお父さんの正木さんか実母の陳麗娟さんのどちらかが車で送ってきて、自身も一緒に出席し横から事に応じて田青にアドバイスしていた。脇町から通うのは大変なことであったが、脇町内で日本語を教えてくれる所が見つかり、十一月四日が本教室出席の最後になった。正木さんから事情説明とお礼の挨拶があり、翌年四月には穴吹高校に入学したとの電話があった。この人もまた律儀なひとであった。そして、田青君にはさらに後日談があり、それについてはまた別の機会に触れたい。

八月、地元出身の同志社大学学生・中江優貴さんが、卒業論文「日本語と日本文化事情」の実習のため教室へ参加の要請があり承諾、九月まで日曜日の教室で授業参観・実習をおこなった。また中江さんへは日本語教室関係および国際交流協会資料の提供もおこなった。

受講者

袁秀春、袁秀英、王月、馬麗紅、早川春花、村岡　琴、劉治彫、王政義、藤井麗艶
藤井詩媛、張王瑩、張王娟、趙雅新、大森咲希（銭丹丹）

武田ロウェナ、田青（正木）、李建微（三木）
イコマン・アグス、イマデ・プディ・アルサ、イプトウ・グデ・ウィラ、
イマデ・アディ・スダナ
キム・トウ・イェン
△殷　雨、宋艶杰、周玉風、張陽、于洋、李建薇、中江優貴、頼開利、早川渡
七条秀英　趙麗麗　陳麗娟、丁麗紅、張振、張延峰、劉淑艶、張敏、李雪香、
正木浩一、西岡玉娥、太閤婦人
（以上日曜日組　△印は短時日出席者を示す）
同志社大学学生・中江優貴、卒論「日本語と日本文化事情」作成のための実習。八月十二日から九月三十日まで。
袁秀春（野村）、馬麗紅（坂本）、薛霞、村岡琴、王月、藤井麗艶、藤井詩媛
（以上金曜日組　講師は市原百合子さん・谷本美穂さん）

開講状況

開　講　日　日曜日

授業時間　十三時三〇分〜十五時三〇分　初心者および初級前期向け
開講日　金曜日
授業時間　十九時三十分〜二十一時　初級後期組（なお、後期は十九時開始）

教室の窓から

ある中国残留孤児の子弟

前述したように、村岡　琴さんとその息子龍介君が教室へ出席するようになったのは、平成十七年の十二月からであった。龍介君は翌年四月からは出席しなくなったが、琴さんのほうは熱心に休むことなく教室に顔をみせていた。二人とも最初日本語を全く解しなかったので、「アイウエオ」から始めた。しかし、他の受講生がいるので、最初に発音の手引きをして、あとは自宅での自習と教室で繰り返して憶えるようにし、解らないことは授業中であっても遠慮なく質問するように、と話した。

最初の頃は質問もなく困っている風だったが、本年あたりから次第に質問するようになってきた。彼女は早く話せるようになりたいと言って、初級を終えた人たちの金曜日組にも出席したいという。私は当初、やみくもに上のクラスに出席してもと否定的だったが、ここに来て初めて彼女の真意と置かれた状態を知ることが出来た。

帰国子女たちは日本で働きたいのだが、日本語ができないと雇用してくれる所はない。働けなければ一日をどう過ごすのかが大きな問題となる。帰国時に「大和定住センター」などでの訓練は受けるらしいが、三か月といった短時日では就職して勤まるような日本語力は到底身に付いていない。村岡さんはそうした帰国時の研修も受けていないようだった。公民館や各所での行事などに進んで参加しているようであるが、やはり限度がある。毎日彼女らにとって息抜きができるような催しがあるわけではない。仕事をせずに毎日を過ごすということは実は苦痛でもあるのだ。国際交流協会をはじめ各所のボランティア団体の主婦の人と話をしていると村岡さんのことを知っているのに驚いた。それほどこの人たちは日本人として日本人との交流を求めて接触を行っていたのである。村岡さんは単に日本語を勉強するためだけではなく人との繋がりを求めてこの教室へ熱心に通ってきていたのであった。私は村岡さんたちとの接触によって、日本語教室が単に日本語を教えるという場だけではなく、村岡さんや外国人たちに対して生活や人との交流の場を提供するという機能を果たしているのだということに気がついたのであった。

龍介君が平成十八年度から日本語教室に出席しなくなったのは、「徳島工業短期大学」に入学することができたからであるということを知った。そして村岡さんは詳細は言わないが、彼は課業について行くことができなくなり、ノイローゼ気味になっているということだった。心配していたが、その後気を取り直し、短大も退学して働くところも見つかったと聞いた。琴さんはこのあと平成二十年八月まで熱心に出席し、その後就職口が得られたのか教室に来ることはなくなった。龍介君は中国へ帰ったという話である。皆さんの生活面にまで力を及ぼすことは私たちにはできない。教室における私たちの力の限界をつくづくと覚るだけである。

家内の死と教室

私の家内は平成十五年十二月にリウマチを発症、地元の医院で治療を受けていた。そのうち次第に内臓の故障などが生じ、麻植共同病院に入院するなどしたが病状の回復ははかばかしくなく、娘が在住しまた勤務している西宮市の兵庫医科大学病院で通院治療を受けることになった。しかし、その後さらに内臓の疾患や脳梗塞などを併発し、遂には呼吸器系の病状が重篤化して十九年十一月同病院に緊急入院した。

その間、日本語教室については金曜日夜間の授業は十八年・十九年度と、前述のように市原さんにお願いしたが、日曜昼間の授業は患者を姉宅に預けるなどしながら十九年十一月の入院まで継続した。しかし、兵庫医大入院後はそれが不可能となり、翌平成二十年一月五日には家内が死亡、また私はその四十九日の法要時に転倒して脚の靭帯を切断して歩行ができなくなり、その後も体調不良が続いて十九年十二月から翌二十年二月まで日曜日の授業を欠席せざるを得なくなってしまった。その間藤野井さんには、大勢の各国の学習者を一手に引き受けていただき、教室の授業を休むことなく続けていただいた。まことに感謝のほか無く、また教室の学習者にとっては幸いなことであった。藤野井さんのご尽力と献身的な活動のお陰で、国際交流協会の「日本語教室」は途絶えることなく、外国人学習者たちにその扉を開き続けられたのである。

寅さんの「男はつらいよ」

平成十八年九月からこの年の九月までの一年間は、私にとって重い重い苦しい苦しい毎日であった。日本語教室のない日は、後ればせながら朝夕の食事をこしらえ、後にはベッドの横で一緒に食べ、昼は車にのせて近所の顔見知りの店へ連れていくようにした。

毎日毎日家で寝ているのを退屈がるので、昼食前後に近在の札所や公園へドライブすることを兼ねてである。下の世話やそれへの配慮にお互いにひと苦労しながらも毎日欠かさず外出した。車も費用を工面して、いざという時に後部座席とトランクを一体化してベッドに出来る車種のものに買い換えた。帰路姉の家へ寄り、姉が病人に向くような夕飯を作ってくれると、家内は泣いて喜んで普段は進まない食事も出されたものすべてを食べて私たちを喜ばせるのだった。

授業のある日は、姉宅へ運んで看てもらうか多くはテレビの横にベッドをしつらえて、録画映画を自分でリモコン操作して見られるようにしてから出かけるようにした。

映画は、黒沢明や小津安二郎は、病人の時間しのぎには重すぎることがわかったので、いろいろ考え試行したあげく、山田洋次の「寅さん」が気が休まって一番いいことがわかりそれを入れておくことにした。寅さんシリーズは四十八作と沢山あったので、繰り返し観るということが避けられる点からもよかった。

もちろん、ベッドから手の届くところには、飲み物や菓子・果物、布巾やティッシュペーパーも置いておく。そして、授業が終わるとみんなには悪いが、私は急いで家にかえることにしていた。親戚の葬式や法事があったが、法要が終わるとすぐ帰るようにした。それでも何時間かを家内はひとりで時間との闘いをしながらも、「寅さん」に慰められて留守をすることができたのであった。

彼女の姪が急死したとき、緊急電話が入り家内はベッドから降りようとして転げ落ち、そのまま私が帰るまで床の上で冷たくなって転がっていたこともあった。いろいろなことがあったが、しかし、ほぼ一年間、重病人をほったらかしておいて、私が日本語教室の授業を続けることができたのは、家内の心を安め慰めてくれる「寅さん」が傍に居てくれたからである。

なぜそうまでして私は教室に出て行ったのであろうか。家内の不自由を思うと、私はバカであった。看病を優先すべきであったのだ。しかし、それについて家内は恨みやつらみを私に言ったことはなかった。私はそのことが二重に辛い。

また私は、入院しなければならなくなった日まで、家内が病気で家で面倒をみていることを特に親しいひと以外受講者に話したことはない。

いよいよ入院しなければならなくなった日の前日、ふと家内は私に「中国研修生のひとたちとのことを想い出すわ。よかったね、あの頃が懐かしいわね」

と言った。

「そんなことないよ、イヤなこともあったよ」

と私は言ってしまった。

「そうだ、ほんとに懐かしいな。お母さんもよく助けてくれたなあ、ありがとう」

となぜ私は言わなかったんだろう。私はバカである。そうして「私はつらいよ」！。

教室にて。中央筆者の左はロウエナさんと夫君、右へ瀬尾会長・早川（春花）・坂本（麗紅）・野村（秀春）さん

――時代の推移と受講者変容の五年間――

平成二十年（二〇〇八）～平成二十四年（二〇一二）

平成二十年（二〇〇八）

日本語教室の風景

家内の葬儀・法要を終え、また怪我ならびに体調の悪化からの回復も得て、日曜日については十九年度三月九日より、また金曜日については二十年度四月十八日から私は教室に復帰した。

なお、日曜日の授業は私と藤野井典子さんで担当、金曜日は従前にもどって村上が専任した。また、日曜日の授業は中国人を村上、その他（インドネシア・タイ・フィリピンなど）の人を藤野井さんが受け持った。また、受講者の変化にあわせ日曜日を初心者および初級者向け（前期後期の区別廃止）、金曜日を中級クラスとし、授業の項目に日本語能力試験対策を含めることとした。ただ、期中日曜日組のひとのなかにも日本語能力試験を受けたいというひと（夜間来ることが出来ない実習生）が現れるようになったので、十二月からは日曜組のそれらの人向けに三級、二級の試験問題の練習を授業に挿入することも行った。

今年はフィリピンやタイ人などの主婦や研修生が教室に来ることが目立ったが、なじまないと思ったのか、一日で来なくなる人が多かった。

また、教室を手伝いたいという申し出が二名の方からあり、期待していたが、それぞれ一～三回授業を見学された後、「私たちには無理なようです」ということで来られなくなったのは残念なことであった。全くの初心者も来るので、難しく考えないようにといった説明を十分にするべきだったと反省せざるを得ない。また、グループとして考えないで、初心のひとりを対象に初歩の会話をしてもらうといった方式をとっていれば、ふた方は引き続いて来てくださったかも知れない。

一方、受講生のほうにも変化が生じてきた。中国人実修生で途中から他の教室に変わる人が出てきた。鴨島町以外で個人的に日本語教室を開く人が出てきているようだった。その理由も察しがつくが、そうしたことの詮索は一切することなく、「来る者は拒まず、去る者は追わず」とのこの教室の方針通りの運営を続けた。出席者がひとりのときでも教室を閉じることはない。この教室においては受講者の数の多寡を問題にしなければならない理由は一切ないのである。

多数のレベルと国籍の異なる受講者を一度に教えることは極めて難しい。どういう光景が教室にみられたか、例えばこの年の日曜教室を例にとると、教室の机を二か所に分け寄せて、中国人以外の国のひとを藤野井さんに受け持ってもらう。藤野井さんはレベルに応じて「みんなの日本語」といったテキストや、また自分で作成された資料を渡して各人にやってもらい、要所要所で個人的に説明を加えたり、内容をチェックしたり、会話を交わしたりしてみんが飽きないように誘導してゆく。これは非常に技巧を要する授業法であるが、藤野井さんは塾の先生であるという長年の経験を生かして上手に運営されていた。

私の方では、中国人グループを一緒にして、平均的なレベルに焦点を当て「新日本語の基礎」の各章のまとめの練習問題を教材として読み合わせを行う。また、宿題として渡してあったものを一緒にやりながら必要な説明を加えてゆく。初歩のひとも一緒なので、要所で初歩のひと向けの解説を挟み、また、言葉や文法についての説明をするというやり方をとった。授業の終わりには次の章のものを自習用として手渡す。この年の授業のメモを見ると、四月から九月までの間に「基礎Ⅱ」の二十六課から五〇課までを順繰りに学習して終え、後期十月からは新規研修生向けの初歩教材を扱い、また日本語能力試験受験希望者（この年の希望者は二、三級受験者が五名程度）に漢字・語彙・文法・読解の模試問題を配付し、やって来たもののチェックと解説を行う。中国人の場合漢字は全くの自習にまかせ、聴解はカセットを使用して全員で教室で一緒に聴いて問題を解き、間違ったところには解説を加えたうえで、再度聴くというやり方で進めた。各々間違ったものを一つ一つ取り上げると時間が足りないので、複数が共通して間違えたものを採りあげ、個別のものは各人が帰宅後やってわからない場合は教室で再度質問するという方式で進めた。

この年度の能力試験合格者は二級二名、三級一名であった。
非常に雑多な内容で、個々の受講生にとっては満足なものではなかったであろうが、ひとりの教師で対応しなければならない以上やむを得ないことであった。

受講者

袁秀春、袁秀英、王月、馬麗紅、早川春花、村岡　琴、劉治彫、王政義、藤井詩媛、李建微、呉麗娟、巴敏玲、張玉瑩、頼開利、于秋燕、趙佩、馬姣、趙春艶、イプトウ・グデ・ウィラ、イマデ・アディ・スダナ
ジョセフィーヌ、マリクリス・リム・ソコン、ノコン・キミ
△于洋、呉艶華、劉鳳蓮、蔡暁逸、閻志華、朱麗麗、原井ソニア（同幸義）、坂本麗紅、御手洗ミーナ、殷雨、鄒
テレシタ・アンギレス、クリッサナ・サマート、マデ・デニ・アグス・プルノモ、デ・リコ・レパ・ジェリ、（以上日曜日組　△印欄は短時日出席者を示す）
犬伏峰子、平田仁子（日本人、授業見学来　十月十九日から十一月三十日の間の四日間）
野村秀春、坂本麗紅、藤井詩媛、江本雅子

△王政義、劉治彫
イプトウ・グデ・ウィラ、　イマデ・アディ・スダナ
（以上金曜日組　△印欄は短時日出席者を示す）

開講状況

開　講　日　日曜日
授業時間　十三時三〇分～十五時三〇分　初心者および初級向け
開　講　日　金曜日
授業時間　十九時～二十一時　中級日本語（日本語能力試験対策）

教室の窓から

日本語学習と日本語能力試験

すでに述べたように、この年から金曜日のクラスに中国人研修生・実習生が出席しなくなり、日本人

と結婚した中国人主婦の野村さん、坂本さんと中国人主婦の子弟だけとなった。金曜日組を市原さんにお願いしたころから、中国人研修生の出席者に変化が生じはじめていた。この教室が開講した頃の中国人研修生は二十歳前後の若い人ばかりで、日本語の習得に熱心な人も多かった。中国経済の発展に伴って若い労働力の中国国内での雇用が進み、日本へ来る研修生は都市部から地方の農村出身者に変わってきた。年齢も高齢化し子供のある主婦が多くなってくる。この教室が始まった頃は、鴨島町の場合全員西安からの研修者であったが、次第に東北地方（瀋陽や遼陽の郊外）からの人が主体になり、最近では山東省からの研修生が多くなっている。山東省は第二次大戦以前から労働者の供給地域として有名であった。東北部や山東出身者でも尹玉芹、馮享利、呉占英など、男でも王志軍や遅中華のような熱心な学習者もいたが、一般には次第に日本語よりも仕事と収入のことが日本での生活で最優先するようになっているのが実状である。

ここに書くことが憚られるような種々の問題が起こったこともあった。しかし、当日本語教室では、研修生・実習生の日本語修得希望者への尽力は惜しまないが、その業務や個人の行動については関与しないことで今日までやってきた。

金曜日のクラスも、日本に永住して生活や仕事上の必要から日本語能力試験の合格を目指すひとが主な出席者となったので、中級日本語講座とはいっても、このころから授業の内容は能力試験対策が主たるものとなっていった。
今期は受講者の要望と受講者の構成面から、日本語能力試験一級の問題集ばかりをやることになってしまったが、これは各人の日本語の素養を高めるという点ではあまり寄与しなかったと考えられ、今後の授業のあり方について反省する機会となった。

本年度から、ご苦労をおかけした市原さん・谷本さんに替わって私が金曜日組に復帰したが、これまでこのクラスに出席していた中国およびインドネシアからの研修生は帰国し、受講者は日本語能力試験受験を希望する主婦など少数の人たちに固定されてきた。そして、この傾向が以後続いていくことになる。

そのうちのひとり、江本雅子さんは平成六年に江本京子の名で出席し、日本語を全然解さなかったので、特別に時間をもうけ、アイウエオから教えた中国人主婦であるが、町内スーパーに十四年間勤め、日本人と変わらないほどの日本語の使い手になっていた。その江本さんが今期から金曜日組に出席するようになった。なぜ急に日本語教室に来る気になったのかを尋ねると、日本語能力試験を受験して一級の資格を取りたいからだという。結構なことだと思って他の受験希望者と一緒に受験対策に重点をおく授業内容に切り替えた。

江本さんは五月三十日に教室に姿をみせ、十二月十二日まで断続的に出席した。そして、最後の日に「カナダへ行く」と告げ、カナダにいる中国人を紹介して欲しいという。私はずっと以前研修生として鴨島町に来ていた呂波がカナダへ渡り、モントリオールかトロントにいたがその後バンクバーに移ったらしい。最近は音信がないので住所は知らない、と答えるしかなかった。また、ご主人には話したのかと尋ねると話してあるという。

この頃の中国人は日本よりもカナダの方が生活がいいといって、カナダ指向が強くなっていたようである。しかし、カナダは日本のような研修生制度はなく長く滞在できるが英語が喋れないと職につくことはできないということだった。江本さんは、このころ盛んに教室で練習していた日本語能力試験の模擬試験で、坂本さんや野村さんおよび詩媛ちゃんなどよりいい成績を取っていた。彼女は十二月の能力試験を受験してからカナダへ渡ったが、急に教室へ来るようになったのはそのことを考えてのことだったのだろう。更に言えば、カナダに渡って中国語なり日本語なりを教えて収入を得ることを考えていたのだろう。私は彼女が日本語教室へきたころのことを思い出した。そして、十数年をかけて自分の思いを計画に乗せて実行するその逞しさに驚きを覚えるしかなかった。

(最近、私はある中国人から彼女に東京で会ったと聞いた。そして、彼女は、現在の夫の年収が一千万円あると自慢していたという。……前の旦那さんとは別れたのであろうか。日本に帰ってきているとい

うことは、さすがの彼女にとってもカナダの生活は厳しいものだったのであろうか）

バス旅行・東大寺にて

平成二十一年（二〇〇九）

日本語教室の風景

複数の会社から、二十名を超える新規中国人研修生の日本語学習についての依頼や要請があった。初日には社長や研修生教育担当の職員が挨拶に見えられ、授業も一緒に受けるという熱の入れ方であったが、翌週にはもう来なくなる人があり、一か月後には全員が出席しなくなった。会社から申し訳ないという挨拶があったり、失望して会わせる顔がないという社長もいたが、教室では一向に気にはしなかった。その会社がある地域で業として私的に日本語教育を請け負うひとが出てきたり、のちには、会社が講師を雇って社内で教育するようになるなど、この教室に来なくなる原因についてはいろいろあって一概には言えないが、根底には中国人研修生の人的構造に変化が生じてきたことがあり、それが自主的な日本語学習者減少の原因となっているのではないかと考えられた。

初期の段階では年齢も若く都市部出身のひとがほとんどであったが、中国の経済発展に伴い、地方（農村）の出身者…中国で職に就けないひとびと、が日本に来るようになっている。年齢も次第に高齢化し子供があるというひとが普通である。そうした人たちは、かってのように日本語の勉強に打ち込むことはなく、中国では仕事がないので日本へ来てできるだけ多くの収入を得ることが来日の目的となっている。日曜でも夜間でも仕事（残業）があればそちらを選ぶのが今の人たちである。そのことについていい悪いを言うことはない。来るひとには教え、勉強についてそのひとの善し悪しの判断はしないというのがこの教室のいきかたである。

わたくし自身は、ただ何となく始まり何となく過ごしてきただけで、外国人たちの挙動については批評する立場にはない。その点、市原さんや藤野井さんは日本語教育を通じて外国人たちに便宜を供与することを指向して、忙しい時間を犠牲にして尽力されている。なかなかできないことだと思われる。そして、そうしたことのために志を立てて、日本語教室のために協力してくださる方がこの年新たに現れた。佐藤光枝さんである。

佐藤さんは、十月二十五日から日曜日の教室を、十月二十三日からは金曜日の教室をも助けてくださることになった。

また、平成十四年（二〇〇二）から熱心に勉強していた中国人主婦、袁秀春（野村）さんが十二月十一日限りで休学することとなった。年末赤ちゃん出産の予定となったためである。野村さんは坂本さんと共に休まず日曜日、金曜日を通して出席していた。しかし、私はその休講をむしろ喜び愛でる気持ちを抑えることができなかった。このひとたちは、少子化に悩む日本にとっての強い味方になってくれていると思うからである。

本年後期から使用教室が二階第五教室から第三教室に変わることになった。五号教室は日本語教室の開設以来使用してきた文化研修センターで最も大きい教室であり、レベルの違う人たちを教えるためにグループ分けをして使うので、この大教室はその点適していたのであるが、研修センターの運営が指定管理者に託されることになったので、多人数を収容できる教室を外部利用者用に充当したいのだろうと管理者側の申し出を受け入れた。

この頃、民主党政権下では財政上の問題から「無駄の排除」と「事業の見直し」が叫ばれ、余裕ある物事の運営が悪であるような風潮が世の中に蔓延してきていた。長い間使用できた教室を変わらされることも、そうした動きと無関係ではないのだろう。しかし、この教室では、そうした政策的な問題に関わることなく、与えられた環境のなかで出来る限り外国人に日本語講習の便宜を供与することに専念するのみである、と割り切ることにした。

受講者

野村（袁）秀春、坂本（馬）麗紅、藤井詩媛、張玉瑩、頼開利、趙春艶、閻志華、
張麗杰、劉（寺尾）鳳坤、王利春
△范仕梅、澤秀、朱少震、林貴月、徐利仙、范仕梅、李冬梅、張束藍、劉霞、許文平、
翟自艶、盛愛玲、徐楽楽、張麗利、辺麗麗、閻秀文、肖井翠、張王瑩、
張春秋、孫蘭香、張東瑩、李学翔
ポサダス・アーミ
（以上日曜日組　△印欄は短時日出席者を示す）
野村秀春、坂本麗紅、寺尾鳳坤
△閻志華、趙春艶
（以上金曜日組　△印欄は短時日出席者を示す）

開講状況　後期十月より使用教室が第三教室に変わる
開　講　日　日曜日
授業時間　十三時三〇分～十五時三〇分　初心者および初級向け。のちに二・三級の日本語能力試験対策併用

開講日　金曜日
授業時間　十九時～二十一時　中級日本語（日本語能力試験対策）

教室の窓から

反面教師

1．趙春艶のこと

趙春艶は川島町にある縫製工場の実修生である。平成二十年十一月三十日から日曜日の教室に来るようになり、以来ほとんど欠けることなく出席していた。この人で印象に残っていることは、教室を休む時には「すみませんが、仕事があって欠席します」というように電話があったことである。普通研修生・実習生は欠席を連絡してくることは先ず無い。この人の会社には以前に協会を通じて受け入れ研修生の日本語教育を頼まれたことがあり、社長は私の知っている人である。後に聞いたところでは、日本語を勉強したいと社長に相談し、この教室の存在を社長から聞いて来るようになったのだということだった。それで初めは特に意にとめてはいなかったが、日本語能力試験を受けたいというので、二十年十二月以後二級の模擬試験問題を授業のなかに取り入れ、また宿題として問題を渡すようにした。

趙さんは、二十一年七月の試験（この年から従来の十二月年一回だった試験が七月にも行われるようになった）で二級を受験し合格したが、さらに半年後の十二月に一級を受験したいという。そんな短期間の準備ではダメだろうが、平成二十二年二月七日には実習期間を終えて帰国するので、日本に居る間に十二月の一級の試験を受験しておきたいというのである。趙さんは、帰国が迫って忙しいこともあり、また恐らく出来るだけお金を貯めて帰りたかったのだろう、十月以降ほとんど出席しないようになっていた。そして、たまに金曜日の受験組に顔を出して、彼女が欠席していた間の一級の受験問題だけを受けとって帰るのだった。事情を察して私も時には教材などを宿舎に届けたりして出来るだけの助力をするようにした。

帰国の日が迫ったある日、一通の手紙が趙さんから届いた。それにはこう書かれていた。

「先生　ご無沙汰しておりますが、お元気ですか。先生に本当に感謝の気持をいっぱい持って手紙を書いております。

いろいろお手伝いをいただき、こころから本当に感謝しております。先生のお手伝いがない事には、私はいままでの日本語の成績が取り得ないんです。先生と日本語教室のみなさんと出会えて、私にとっては一番幸いな事でございます。けれど、先生と皆さんと最後まで勉強する事ができなかった事は私がもっとも遺憾の事と思っております。

先生にこの手紙を書いて、先生のご勘弁いただけませんか。

二月七日の日曜日、私は中国へ帰ることになるので、これからまた先生に会える日はないと思います。先生に会えないと心から寂しくなります。

中国へ帰っても日本語の勉強も続けたいと思っております。試験の結果も社長さんに頼みました。会社に届いたら社長さんは中国へ出していただけますので、先生もご安心ください。

私は中国で試験の結果が届いたら、是非先生に電話します。

本当にどうもありがとうございました。

最後に心から先生の健康を祈り申し上げます。

趙　春　艶」

二〇一〇・二・三

（原文のまま）

二月七日、朝早く電話があった。趙さんからの電話であった。

「先生、昨日六日、一級合格の通知がありました」

2. 劉凰坤と馬麗紅のこと

この年から寺尾（劉）凰坤が教室にくるようになった。劉さんはずっと以前に鴨島町の縫製工場に研修生として勤めていたが、その会社にいた日本人男性に見そめられ、研修・実習期間が終わって帰国したあとその男性に求婚されて結婚し、再度日本に来たということだった。寺尾さんは実習生時代から日本語を独学で勉強し、二〇〇五年に中国で日本語能力試験二級に合格していた。結婚して日本に定住するようになってから、更に日本語能力を高め一級合格を目指したいという。寺尾さんと同じように日本人と結婚した主婦の野村（袁）秀春さん、太閤（劉）麗云さんは平成十四年から、また坂本（馬）麗紅さんが平成十五年から教室にくるようになっていたが、早く日本語能力を高めようと思ったのか、日曜日初歩の授業にも金曜日中級クラスの授業にも出席していたことが印象深い。

太閤さんと野村さんはその後子供ができて教室には来られなくなるが、坂本さんと寺尾さんは引き続き今日まで出席を続けている。平成二十年（二〇〇八）からは金曜日中級クラスはこうした人たちばかりになり、一級試験問題などレベルの高い内容のものを扱うようになった。

坂本（馬）麗紅さんは、のちに徳島県の通訳ガイドの採用試験に合格し、また協会の広報部長として機関誌の編集に携わるようになる。寺尾さんも刻苦勉励の末日本語能力試験一級（制度が変わりＮ１という呼称になっている）に合格する。

しかし、私はこのころから受講生が日本語能力試験やその他の試験に合格することばかりを指向し、模擬試験問題ばかりをやっていたことは、真の日本語能力を培養するという面においては、むしろ寄与することは少なかったのではなかったか、と反省している。問題解きばかりの勉強では、真の日本語力は養われないように思われる。結果的にこの人たちは、私に対して日本語教育の在り方について考え直す機会を与えてくれたのであった。

趙春艶は、困難な環境の下にあっての人間のしたたかさというものを教えてくれた。

野村さん、坂本さん、寺尾さんなどとは、その後もずーっと交流が続いている。そうして、この人たちは私にとって、国際交流や日本語教育といった面において私に対する反面教師としての役割を果たしてくれているのである。

夏教室風景

平成二十二年（二〇一〇）

日本語教室の風景

中国人技能実修生（最初の一年を研修生、あと二年を実習生とする従来の制度が、本年から三年を通じて技能実習生とする制度に改正された）を対象に、初歩の日本語教育中心の授業を行っていた教室の風景が、日本人と結婚した主婦やその子弟、日本の高校および大学進学を志向する人、そしてまた日本語能力試験受験希望者など、さまざまな人たち向けの日本語の授業を並列的に行うように変わったのがこの年の特徴である。そして、そうした授業を可能とする講師陣として新たに佐藤さんが加わり、従来より更に安定した授業運営が可能となった年度でもある。

また、本年はそうした体制に更に加えて美馬潤子さんという講師が加勢してくださることになった。美馬さんは中学校で国語の教師をしておられた人で、教室にとっては強力な助っ人となった。また、大阪の建設会社を退職された萩森健治さんが協会に入会され、日本語教育に関心をもたれ教室に顔を出されるということもあった。萩森さんは小・中学校で外国人生徒の日本語習得指導と学習補助業務に従事され、のち日本語教室の授業をも担当してくださるようになる。

受講生では中国人主婦の子女・藤井詩媛ちゃん・・・・もう詩媛さんと呼ぶべきかも知れない・・・・が、前年後期から日本語教室へ来なくなっていたのが、学校の授業に馴染んだのか、この年の後期から再び出席するようになった。

彼女は看護師コースの専門課程のある学校を受験する目標を持っていて、この時は言わなかったが、看護師資格を取るに当たっては、外国籍の人は日本語能力試験一級（N1）に合格していなければならないので、その試験勉強のために日本語教室に顔を出すようになったものらしかった。藤井詩媛の出席と同時にクラスメイトの日本人や藤野井塾で一年下の中学生が一緒に教室に顔をだすなど、これまでと違った光景が教室で見られるようになった年でもあった。また、後期には二十三年一月からアメリカ人のメアリーが金曜日クラスに出席するようになった。メアリーは吉野川市のALT（外国語指導助手）で、研修センターで開講されている英会話講座の講師でもある。定常的にアメリカ人が受講することは近来稀なことであり、専属で彼女をみてくれる人を募ったところ、石井町の梶本福枝さんが金曜日のクラスで担当してくださることになり、一月二十八日から手空きの時に来てくださるようになった。ただ、梶本さんは以来三月まで断続的にしか来られなかったので、梶本さんが来られないときは私がみることにしたが、日本語検定一、二級受験希望の中国人と一緒には無理なので、メアリーのみ十七時から十九時に別に授業を行うこととし、導入時のメアリー向け教材を作成してそれを使用するようにした。

中国人主婦の野村さんは、出産のため昨年十一月以降欠席していたが、本年四月から赤ちゃんを乳母車に乗せて教室に顔を出すようになった。授業中赤ちゃんは静かに眠るか、乳首をあてがわれておとなしくしているのだった。途中十分ほどの休憩時間には大勢の受講者に取り囲まれ、ビックリしたり笑ったりして愛嬌をふりまいて、たちまちクラスの人気者になっていた。そのため、私は休憩時間を二十分に延長せざるを得ないようなこともあった。そうして、こうした光景こそこの教室の真骨頂を示すものでないのかと、内心喜びを押さえることができなかった。

野村さん、坂本さん、寺尾さんなどと同じく、日本人と結婚した中国人主婦の黒田（遅）卉萍さんが加わったのもこの年の後期からである。この人達は早く日本語を習得しなければならない必要性から、日曜クラスにも金曜クラスにも出席するという熱心さであった。

黒田卉萍さんは早々とこの年の日本語能力試験Ｎ２に合格し、更にＮ１を目指して休むことなく教室に出席した。

こうして、当期の教室には従前にも増して多様多彩かつ中味の濃い学習風景がくり広げられていった。

（註：日本語能力試験は、従来の一級から四級の四段階のレベル分けが、二〇一〇年十二月の試験からＮ１～Ｎ５の五段階に変更された）

受講者

野村秀春、坂本麗紅、寺尾鳳坤、閻志華、篠原学志、王偉明、翟白艶
李月、川口　艶、佐藤優菜、黒田卉萍、藤井詩媛、松岡莉帆、村上晴香
△大山今日子（凌翏珍）、王利春、黄小軍、李国璐、
姚剛、
ポサダス・アーミ、タオ・リー、ウイウリアル・ミレガル
リスマン・エルワント・シラバン
（以上日曜日組　△印欄は短時日出席者を示す）
坂本麗紅、寺尾鳳坤、閻志華、篠原学志、野村秀春、川口　艶、黒田卉萍、段文（近藤）、
李月（岡本）
メアリー・パーカー
（以上金曜日組）

開講状況　使用教室　二階第三教室

開　講　日　日曜日
授業時間　十三時三〇分～十五時三〇分　初心者および初級向け。

日本語能力試験一、二級対策講座
開　講　日　金曜日
授業時間　十九時～二十一時　中級日本語（日本語能力試験一級（N1）対策講座）
（メアリーの都合でメアリーのみ一月二十日、二十七日の木曜日に開催。
また、時間を場合により十七時から十九時に繰り上げて実施）

教室の窓から

中国人研修生制度から実習生制度への移行は、その目的が外国人研修者を技能研修という名目から脱し、実質的労働者として受け入れることへの転換であった。労働者としての受け入れることによって日本語教室での学習者の減少が生じたことは皮肉であり、また一方当然のことでもあった。この教室ではそうした社会的問題とは関係なく、希望して来るひとだけに思惑を挟まずに接するというだけである。

「受講生が最後のひとりになるまで続けましょうね」、とは出席率が悪いときに講師の誰からともなく口をついて出た言葉である。

正木徹青君のこと

先に（平成十九年度）この教室に来ていた中学生が穴吹高校に入学したことを記した。本年度、平成二十三年三月十三日、授業が終わった頃を見はからって、ひとりの婦人と青年が教室に入ってきた。青年は見上げるような大男である。私が何の用件かを聞こうとすると、婦人が
「以前にお世話になった正木です」

という。はて、と私が思いを廻らせていると、青年の母親が
「中学のときにこの教室でお世話になった田青です」

と言い直した。

「えー、あの時の田青君！　大きくなったなあ」

と私はびっくりして声をあげた。

「この度、おかげさまで山口大学の工学部に合格しました。日本に来たときにはこの教室にいろいろお

世話になりました。ご報告とお礼のご挨拶に参りました」

と二人は頭を下げるのであった。

「それはそれは、田青くん頑張ったね。おめでとう」

と、私はすっかり嬉しくなって彼の手を握った。

アイウエオから教え、ときには日本語が解らなくて泣いていたこともあった少年の姿を思い出して、その少年が刻苦勉励、国立大学に合格するまでの努力を重ねたことを心から賞賛せずにはいられなかった。

義父の正木さんは脇町の畳屋さんで、田青君が高校に入学できたときもお礼の電話をかけてくださった。

田青君は努力して高校で成績一番となり、卒業式では卒業生総代として答辞を読んだんだそうである。すべて彼の努力の結果であって、教室は日本語導入期の僅か半年あまりの短い期間お手伝いをしたに過ぎない。彼は高校三年間を自力で勉強したのである。しかし、ここを通過していった人のこうした朗報を聞くと、このささやかな教室の活動も、広い世間の人たちの人生に細い糸ではあるが結びついていることに気付かされ、また思いを新たにするのであった。彼に日本語以外に学科も指導してくださった藤野井先生は、

「田青君は穴吹高校の歴史に一ページを書き込みましたね」

と言って喜んだ。田青（日本名・正木徹青）君のことは、地元紙・徳島新聞（三月十九日）でも大きく報道された。

私は山口大学工学部の教授だった知人の先生（現在名誉教授）二人に手紙を出して、田青君と私の関係を説明して、「彼に何か困ったことが生じたときにはよろしくお願いします」と頼んでおいた。先生からは、「工学部の担当の教授に本人には知らさぬように依頼しておきました」との返事をいただいた。その後田青くんからの音信はない。しかし、賢明で意志の強い彼のことである。無事に大学を卒業して更に新たな道に進んでいくことであろう。

夜間の中級教室

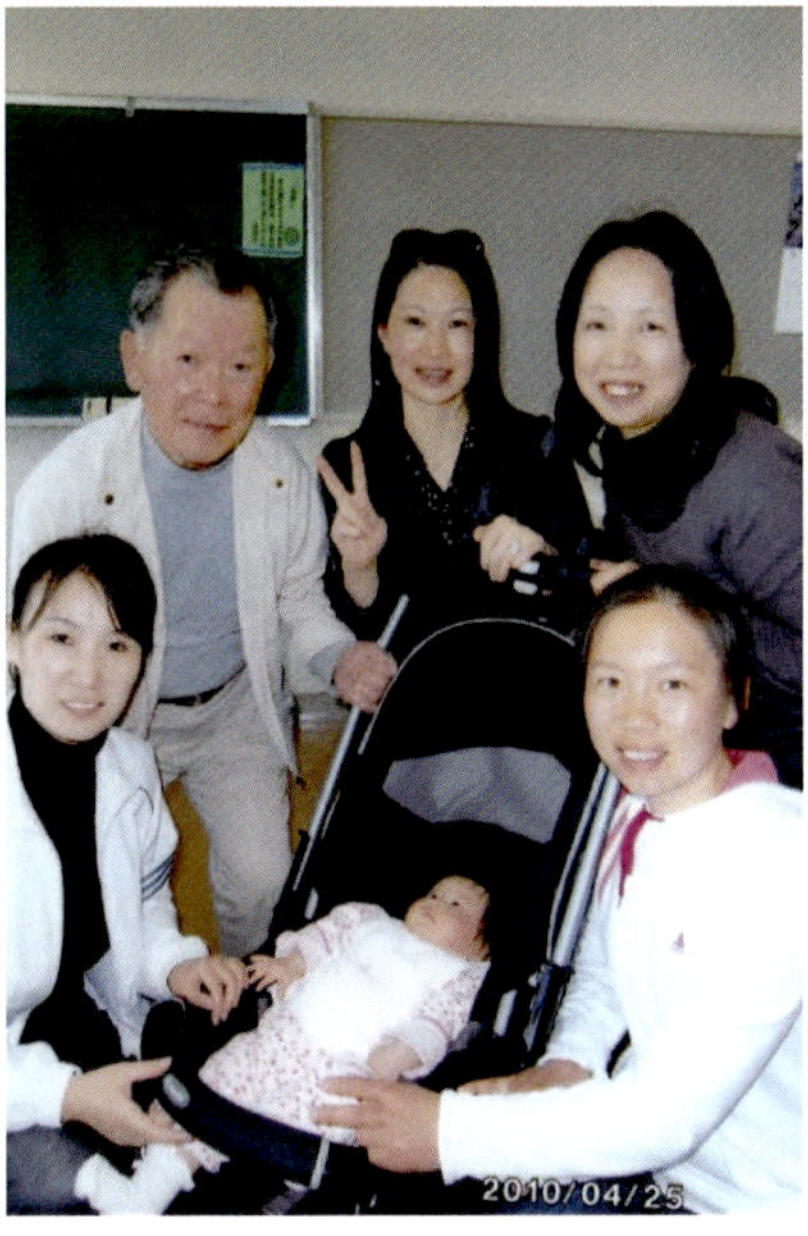

赤ちゃんも出席

夜間の中級クラス　奥は佐藤先生

平成二十三年（二〇一一）

日本語教室の風景

中国人実習生が学習者の主体を占めていた状況が完全に変化し、日本人と結婚した主婦やその子弟中心の学習者構成となってきた。今期でみると、例えば日曜日二十一名の学習者のうち、中国人の技能実習生は六名で、十一名が主婦およびその子弟という状況であった。また、インドネシア人実習生が四人を数えるようになった。彼らは全員男子で、阿波市の光学や機械の工場の実習生である。全員日本語のレベル向上をめざし、力がつけば日本語能力試験を受験して資格を取りたいという目標を持ったひとたちである。一方、坂本、寺尾、黒田、それに本田さんの主婦四人も日本語学習に意欲をもち、日曜日のみならず金曜日の授業にも出席するという熱心さであった。そして、これらの主婦はその目的を達して仕事につくことができた後も、教室に出席し国際交流関係の行事にも続けて参加してくれている。

土成町から吉野川を超えて自転車でやって来るようになったインドネシア人のうち、特にミレガル、シラバンの二人は四月から欠かさず出席し、七月には日本語能力試験Ｎ４に合格している。インドネシア人の実習先は大きな会社なので、会社自体が日本語教育を実施するようになったようで、インドネシア人の出席は後期以降減少していく。ただ、この教室に関心を抱いた者は断続的にではあるが教室を訪れてきていた。勿論教室では出席者にはその都度別け隔てなく接した。

インドネシア人カマルツディン・サカが七月から金曜日の受験組に出席するようになったのもこの年の特記事項である。サカは政府間の経済連携協定に基づいて来日した介護福祉士要員で、日本語のレベルも高く、日本語一級（N１）を受験するために、厳しいであろう介護研修の仕事のあとで熱心に教室に通ってきた。介護施設でも第一回の外国人介護士試験の結果を勘案して、業務教育に加えて日本語能力試験に備えた教育を施設内で行うようになったためか、サカも翌年五月からは出席できないという連絡があり教室には来なくなる。その後サカは無事目的を達したのかどうか私たちには知る由もない。

前年度後期から出席していたメアリー・パーカーは、その後授業内容のレベルアップと日本語能力試験受験希望の意向を示したため、梶本さんの日本語初歩会話授業はうち切り、市原さんに担当してもらって、二十四年一月から木曜日に個人授業として別場所で指導を行うことになった。こうしてメアリーは日本語教室からは離れたが、私のメアリーに対するN３受験対策の木曜日個人授業は試験直前の十一月末まで継続した。

また、寺尾・本田さんの受験直前対策として、十月、十一月の二か月間に十日間の試験直前対策の臨時授業（文法・読解・聴解のさらえ）を行った。学校に通っているためこの教室に頻繁には出席できない藤井詩媛さんにもこれらの人に使った教材を渡すなどして勉強を助けた。十二月の能力試験で詩媛さんはＮ１に、本田さんはＮ２に合格する。

非常に慌ただしいが、その反面真剣さの漲る教室風景が見られた一か年であった。

受講者

坂本麗紅、寺尾鳳坤、黒田卉萍、本田芳竹、藤井詩媛、渡部玉理、松岡麗納、早川芳子、佐藤優菜、翟白艶、劉国風、郭孟
ウイウリアル・ミレガル、リスマン・エルワント・シラバン、ジュリスマン・アンダレ
アス・シラバン、　パラシアン・マラウ
△黄小軍、鄧克勝、高麗、張芦芦、リサ・メイ・コンデ
（以上日曜日組　△印欄は短時日出席者）
坂本麗紅、寺尾鳳坤、黒田卉萍、本田芳竹
カマルツディン・サカ
メアリー・パーカー

△張芦芦、郭孟、姜冬梅、藤井詩媛
（以上金曜日組　△印欄は短時日出席者）
メアリー・パーカー　（木曜日　英会話教室で授業）

開講状況　使用教室　二階第三教室
開講日　日曜日
授業時間　十三時三〇分〜十五時三〇分　初級。日本語能力試験一、二級対策講座
開講日　金曜日
授業時間　十九時〜二十一時　中級日本語（日本語能力試験一級対策講座）
（梶本さん・市原さんによるメアリーの授業は時により五時〜六時・六時〜七時・六時〜八時に実施）
開講日　木曜日（二階第三・英会話教室　メアリー個人授業）
授業時間　十七時〜十九時（八月まで）・十七時三十分〜十九時（九月〜十一月まで）

教室の窓から

記憶に残るひと

1．アメリカ人メアリー

アメリカ人が日本語教室に来るようになったのは近年珍しいことで関心を持つ人が出てきた。これまで顔を出したことのないひとがやって来て英語でしゃべりかけるなどの現象がおき、教室はメアリーを囲む雑談の場のようになった。梶本さんは、日本語教育は初めてで慣れていないからと言って、NHKの初歩英会話教材を逆に使って会話を行っていた。メアリーは初めはそれに満足していたが、やがて日本語能力試験を受けたいとの意思表示があったので、初歩会話だけではまずいと梶本さんに話したが、梶本さんは

「メアリーは会話が楽しいと言って満足しています」

と言ってそれを続けていた。それで、私は二十三年度四月から木曜日の彼女の英会話授業の前にN３受験対策の時間を設けることにした。

手元に試験直前までの授業内容のメモがあるが、それには、「漢字のさらえ」「N４、N３問題内容の

さらえ」「自習用漢字」「語彙」「文法：語法・助詞・自他動詞」「問題・例題」「ヒアリングさらえ」などとある。漢字は宿題でもなんでもない。自分で自習してもらわなければ仕方がない。どういう漢字を自習するのかは、勿論こちらが対象を示すのだ。

途中、メアリーから、「梶本さんからも宿題を渡され、本来の仕事でも忙しいのでとても宿題はできない。どうしたらいいか」といったことを手紙で訴えられたことがある。

梶本さんもその後試験問題を手渡していたようである。また、膨大な受験参考書のリストを渡して、この中から多くを選んで勉強しなければいけない、といったことをアドバイスした人もあったようだ。私は私で、会話だけやっていたのでは試験には通らないよ、といって、彼女の愚痴にはあまりとりあわず、また、宿題ではないんだから、やれるときにやれるだけやったらいいんですと慰めたが、負担増からくるメアリーのストレスは日毎に増していったようだった。私は受験する以上私の授業は止めないで、市原さんに事情を話して梶本さんの授業に加わってもらうことにした。そうして、日本語会話と受験対策を兼ねたような授業と、メアリーのストレス解消をしてほしい、と難しい依頼をしたのだった。長年英語圏の人と接してきたベテランの市原さんは、個人的な授業に切り替えてメアリーの希望に応えていったようである。

しかし、二人でやるわけにはいかない、と梶本さんが身を引かれることになってしまったのはまことに申し訳ないことであった。一方、市原さんは、たちまちメアリーの信頼を得て、日本語教室からは離れて市原個人の生徒としてメアリーへの指導を続けていってくださった。

どうしようも無かったとはいえ、メアリーに関しては私の運営の失敗だったとの思いが強い。せっかく手伝いに来てくださった梶本さんにも去られてしまう結果を招いた責任は、すべて私の至らなさにあったと今も反省するだけである。

平成二十四年三月、メアリーは二十三年十二月にあった日本語能力試験N３に合格したと人から伝え聞いた。メアリーからの知らせはなかった。メアリーが合格したことは自分でそれなりに勉強していたのと、加えて市原さんの指導の賜だと思う。

メアリーはこのあと更に、市原さんの指導を受けて徳島市で行われた二十六年度外国人日本語弁論大会に出場し優秀賞を受賞する。そして、鴨島町の学校のＡＬＴの任期が終わった後も藍住町のＡＬＴとして日本に留まって、市原さんとの交流を続けているようである。

余談になるが、私の授業での休憩時間に徳島の空襲について話しが及んだことがある。彼女は徳島が米軍の空襲を受けたことについては知らないとしても、米軍爆撃機「Ｂ・29」についてさえも知らなかった。名前も聞いたことがないと言う。

私はつくづくと時の流れを思わざるを得なかった。それと彼我の立場の違いについて考えこまざるを得なかった。

いま、隣国二国から「歴史認識」と称して日本に対する政治的意図的な攻撃がなされている。しかし、そこには、時の流れや歴史上の立場の違いや事実に対する認識を故意に曲げている点があるように思われる。「正しい歴史認識」とは一体何なのか。

現在の認識をもって過去の事実を批判することはできても、過去の事実を現在の認識の枠内で再構築することはできない。

2．黒田弁萍と本田芳竹

平成二十二年度から中国人主婦黒田さんが、本年度から同じく主婦の本田さんが加わったが、二人とも早く日本語をマスターして資格を取りたいと考えたせいであろう、日曜日のみならず金曜日にも出席してきた。

黒田さんは静かで落ち着きのある、また非常に聡明な女性である。先輩の坂本さんや寺尾さんに交じって、ときどき的を射た日本語に関する質問をして私を驚かせた。

本田さんは仕事の性質上（介護施設勤務）、毎回出席は出来なかったが夜勤のないときには必ず出席していた。この人は二人の女児の母であるが、向学心に燃えた、少々のことにはへこたれない芯の強い女性であると見受けられた。

後に日本語能力の向上だけではなく別の目的を持っていて、この教室に来ていたことがわかったが、それを悪く思う気持ちは全く生じなかった。

二人ともこの教室のいい点を更に引き立たせるような学習者であったと言ったらいいだろうか。

東日本大震災と尹さんと受講生たち

パリに住んでいる尹玉芹さんから電話や手紙が来るようになったのは、二〇一一年の二月からである。尹さんは一九九八年から教室に出席していた中国青島（郊外の農村）から来日した研修生である。彼女は自転車で市場町から阿波中央橋を渡り、二年半熱心に教室に通って来た真面目で誠実な人柄の娘さんで、家内もその人間性を愛で、家に招いたりお茶や草木展示の会などに同伴していた。協会の乾喜美子さんも、尹さんに琴や三味線を教えてあげたりして個人的に交流されていた。

尹さんは、日本で働いて貯めたお金を元手に、帰国後青島市で商売を始めたがうまくいかなかったようである。永らく音信が途絶えていたのが、フランスに渡って仕事がみつかり、生活が安定したのかおよそ十年ぶりに便りをよこしてきた。私は音信のなかった十年という時の流れの中で、彼女が嘗めたであろう辛酸と、それを乗り越えてきた苦労の大きさを思いやらずにはいられなかった。

「日本で先生の教室に通っているときが一番楽しかったです」

と彼女は電話で言う。そして、日本語に愛着を抱いているので日本語の勉強を続けたい。お暇なときに日本語の手紙をいただけたらありがたい。もし、先生がメールを打てるならそれが便利で助かります。先生は中国語が大体お解りだから、私のほうは中国語でお便りします、といって年寄りでも不自由がないようにとの配慮からか、大きい活字のメールを送ってくるのだった。

パリの生活や日本語教室のその後の状況についてなど、相互にメールの交換が続いていたが、「二〇一一年三月十一日」の直後、次のようなメールが飛び込んできた。

「日本発生很大的地震。徳島への影響はありませんか。新聞を読んでまったく驚いています。日本はきっと大きい被害を受けているでしょう。どう言っていいのか言葉に表せません。ただただ先生のために祈るしかありません。どうか貴方様がご無事でありますように！」

私はすぐ、ありがとう。徳島にも大津波の警報が出ました。しかし、いまは警報も解除されています。このたびの地震は日本の歴史上で一番大きいものだそうで、東北地方の各沿岸部の町は壊滅状態です。死者もすでに千人を超え、更に増えています。大変なことになりましたが、私の家は心配はありません。さっそくお見舞いありがとう、といった返事を送った。そして、その後また以前のような日常的な音信を交わしていたところ、ある日また驚くようなメールが送られて来た。

それには、「相変わらず日本の悪い状況についての報道が続いています。中国では、大津波の原因は日本が福島沖で秘密裏に核爆発の実験をしたためだとみんなが言っていますがどうなんでしょうか」といったことが記されていた。

私は、今回の大津波の原因は、東北の沖合の海底プレートの沈み込みと反転運動が巨大だったためです。そのことは、地球物理学的に明らかにされています。日本は原子力の平和利用（発電など）はしていますが、核兵器や原子爆弾の製造などは全くしておりません。

いろいろ風評被害が起こっていますが、現在のところ、私たちのところでは、何の問題も起こっておりませんので安心してください。みんな一丸となって東北の復興に取り組んでいます。私の息子もボランティア活動で東北へ復旧作業に行ってきました、といった返事を急いで出した。

そして、その週の日本語教室で、私は出席している中国人実修生たちにこの話をしてみた。すると、実修生達は一斉に、

「先生、知らないんですか。中国のネットではみんなそう（原爆実験と）言っていますよ」

というのだった。私は驚いて、

「じゃあ、皆さんはどうなんだ」

と訊ねた。するとみんなは、

「以前に、読解の例題で日本の地震やプレートという言葉が出てきたとき、先生は地球の構造や地震についていろいろ説明してくれました。だから、私たちは先生の言うことが正しいと思っています」と言うのだった。私は授業中の話題としてウェーゲナーの大陸移動説や地球の造山運動、また、プレートテクトニクス理論などについて分かり易く話をした時のことを思い出して、みんながそのことを覚えていることを嬉しく思った。

尹さんからも、報道で「日本はこれで終わりだ、とあるのを見て沈痛な気持ちでいたが、お話しをうかがって日本への希望と期待が湧いてきました」といった返事が返ってきた。

私は、実修生たちに教えられたように思い、また、この日本語教室が、単に日本語を教えるというだけの場ではなく、その窓は小さくとも広く世界に向かって開かれ、多くのひとびとと細くはあるが強い絆の糸で結ばれているだということを改めて悟り、ある種の感動を覚えるとともに、教室の存在意義や将来への思いを新たにしたのであった。

後ろ左から寺尾鳳坤、メアリー、梶本さん。　前は左から坂本麗紅、筆者、黒田奔萍さん

中級クラス対面授業風景

平成二十四年（二〇一二）

日本語教室の風景

中国人の主婦は変わらず、中国人実習生の出席者が減少した反面、フィリピンやインドネシア人のほかに、ベトナム人の受講者が多くなったのが本年の特徴である。

一九九〇年代の中国人実習生の姿に、今日のベトナム人実習生のそれが置き換わったと感じる。ベトナム人は山川町の企業実習生もいるが、乗車賃を払って汽車に乗って鴨島までやって来る。これはかっての中国人研修生とは異なる点である。

インドネシアの実習生も以前は多数の出席があったが、就業先が土成町であることと、近くで日本語を教える教室ができたらしく今年は出席者が少なくなった。

日本語教室の風景にも世界各国の社会経済状態の変化が映しだされている。ただ、本年度は市内の企業で国際交流協会の団体会員にもなっている山田縫製から、五月度三名、十一月から三名の中国人実習生が日曜日に継続して出席するということがあった。

しかし彼女らも、一年を経過したあとの職務試験に合格すると、ほとんど教室には来なくなった。そうしたなか、王云だけは（張偉がたまに）その後も仕事の合間をみては教室に顔を出している。ベトナム人実習生も数人のひとが定着し本年以降も続けて出席するようになっている。

一方、金曜日の中級クラスでは、中国人主婦数名が定常的に出席し、日本語能力試験受験希望の中国人実習生二名が仕事の合間を縫っては市場町から通ってきている。そして、そのうちの一名。郭孟は十二月の日本語能力試験（N２）に合格した。

ベトナム人、フィリピン人、インドネシア人、中国人の初心者は、その日の顔ぶれをみて、藤野井さん、佐藤さん、美馬さんがクラス分けして担当し、新入者の導入授業と能力試験受験希望者を私が担当した。金曜日は従来同様私の担当である。

講師の先生方には非常に不安定な状況下での授業を強いることになったが、受講者のレベル、出席状況、時期の変化に即応するためにはやむを得ないことであり、それがこの教室の柔軟さと特色を示すものでもあった、

各先生は不満を洩らすことなく、臨機応変に異なった出席者に適応した授業を進めてくださった。

佐藤光枝さんはこの間、住居を鴨島町から徳島市に移されたため、六月以降金曜日の授業には出られなくなったが、日曜日には引き続きわざわざ徳島から出て来てくださった。また、本年四月からは高松の

日本語教師養成専門学校に一年間通われることになり教室を欠席されるようになったが、学校の都合のつく日には出席して授業を分担してくださった。

美馬先生は新しい職に就かれるため、本年度後期の一月をもって教室を辞められることになった。教室にとっては痛手であったが先生のお仕事の上では喜ぶべきことであり、これまでのご尽力と今後のご活躍を祈ってお別れした。美馬先生が最後の授業に来られたのは十二月二十三日であるが、その日は大阪の親戚の法事で私は欠席しており、その後翌一月十三日に挨拶に見えられたが、石井町の私の従兄弟の訃報が入り歓送の会を持つ余裕がなかった。後日送別会の提案をしたが固辞され、そのままになってしまったのは残念なことであった。

平成二十二年度から日本語教室に顔を出し、その年すでに能力試験二級に合格していた黒田卉萍さんは、更にＮ１合格を目指して熱心に勉強していたが、夫君の広島への転勤のため七月から教室を去ることとなった。授業に楽しみを与えてくれるような学習者だっただけに、やむを得ないとはいえ本当に残念なことであった。

受講者

黒田卉萍、費淑蘭、董暁営、王群、王云、張偉、朱恒、本田芳竹、篠原学志、佐藤優菜、

ジュリスマン・アンダレアス・シラバン、パラシアン・マラウ（インドネシア）
チャン・ティー・ミー・ハン、　チャン・ティー・クエ、　ダク・ティ・ハン、
グウェン・ティー・アン・チュルク、　ハ・コク・ヴィン（ベトナム）
△ウィ・ティ・ティーエ、　レ・グイ・フェ、　グンティ・テュイ（ベトナム）
劉国風、藤井詩媛、張興浩、王彩香
DOWST HANS（米）
（以上日曜日組　△印欄は短時日出席者）
坂本麗紅、寺尾鳳坤、黒田卉萍、本田芳竹、郭孟、姜冬梅、段文（近藤）
カルマッディン・サカ、　パラシアン・マラウ
△張（樫本）芦芦、夏天忻（欣）、郭孟、姜冬梅、楊云波、史雅慧、李暉
ヴィタン・ロレーヌ、　ハンス・タロ・ダウスト
以上金曜日組　△印欄は短時日出席者

開講状況　使用教室　二階第三教室
開講日　日曜日

授業時間　十三時三〇分～十五時三〇分　入門および初級日本語
　　　　　藤野井さんの授業は都合によって十三時～十五時
開　講　日　金曜日
授業時間　十九時～二十一時　中級日本語（日本語能力試験N1対策講座）

教室の窓から

韓国の日本語教室訪問

二〇〇四年度の一年間熱心に通ってきて、日本語の日常会話をマスターした李在官さんから藤野井さんを通して招きがあり、六月十一日から十四日までの四日間、藤野井さんと韓国を訪問した。李さんは日本に滞在中に取引先との関係を構築拡充し、帰国後自動車部品の金型を作る新工場を大邱（テグ）に建設、更に工場ラインの増設を計画中とのことであった。

李さんは、仕事で忙しい中、連日私たちを慶州の佛国寺や石窟庵、金海の首露王陵などの旧蹟に自動車で連れていってくれたり、また、ホテルに同宿して韓国料理の食事処で夕食をともにするなど歓待してくださった。

李さんは帰国後も大邱のＭＢＳ（文化放送局）ビルにある日本語教室で日本語の学習を続けていて、今回の訪問ではその教室の皆さんと交流することが一番の目的であった。

ＭＢＳ文化放送の日本語教室は初級から上級まで三クラスあり、私たちが訪問したのは李さんが出席している上級のクラスであった。当日の出席者は十名（うち男性二人）だった。私の旅行のメモには、「本日の出席学習者は十人、女性は高尚かつ美しい人多し。弁護士や医者の奥さんだと李さん言う」と書いている。教師の喆さんは東京の日本の会社に勤めていたそうで、流暢な日本語で熱のこもった授業を展開していた。会話中心の授業のように見受けられ、基本の語法の後で応用の会話をするなど、私たちにも参考になる進め方であった。

自由会話のときに、私は「なぜ日本語の勉強をされているのですか」と尋ねた。「韓国も急速に老齢化がすすみ、これからの大きい問題となって来ます。日本は老齢化や介護・医療の分野で最も進んだ国です。それで、日本語をマスターしたら、日本のそれらについての状況を勉強したいと思っています」という答えであった。

年若いお嬢さん風のひとは、ずっと私の横に来て茶菓の接待をしてくれるのだった。私たちが退席するとき、そのお嬢さんと立派な容姿の婦人が、わざわざエレベーターまで案内してくださり、ボタンを押して私たちを誘導しながら、「また、お会いしたいですね」と挨拶された。私は「是非私たちの教室にもお出でください」と答えた。

訪問期間を通じて、李さんも政治的な話はしなかったが、ただ一度だけ案内してくれた韓国料理店で、食事が終わったあとポツリと、

「中国の躍進がもてはやされているが、アジアでは日本の技術力が最も進んでおり、アジアのリーダーはやはり日本です。その大国日本が日本海の小さな島ひとつぐらい韓国にくれてもいいんじゃないですかね」

と言った。私は、

「日本にもそういう人がいることはいるが、敗戦後、連合軍の占領下で日本に何の力もないときに、いきなリ・ラインを引いて自分の領土だとしたのは韓国の初代大統領です。それに対する日本人の反発は大きいです」

と答えた。李さんはそれ以上語らず、

「政治的なことは別にして、われわれ民間は仲良くしていきたいですね」

とだけ言った。私は
「もちろんです」

と応じて、政治的な話はそれ以上しなかった。

この度の訪問を通じて、日本語教室の皆さんや李さんの会社の従業員、料理屋の娘さんなど、接触した範囲ではそれらの人たちには反日で煮えたぎる韓国の政治的な姿は少しも見られなかった。

中国の高校生

この年七月十三日、夏天忻（欣）という中国の少年が突然教室に姿を現した。子供っぽい顔をした少年だが身の丈一八〇センチを超える大男である。何者かと訝っていると、遅れて入ってきた寺尾鳳坤さんが、私の息子です、という。名前の忻は欣の異字だということだったが、寺尾さんはややこしいから「夏天」でいいです、というのだった。高校三年生で、寺尾さんの先夫との間にできた子供だと説明があった。寺尾さんは前の夫君の没後日本に研修生として来て、以後夏君は祖父母に育てられたということだった。母のいる日本へ一度行ってみたいと思って、高校最後の夏休みにそれが実現したのだという。

後で知ったことであるが、寺尾さんの現在の夫君もその両親も非常にいい人で、以前から夏君には実の息子や孫のように接していたようである。寺尾さんは初めは遠慮していたが、

「日曜日以外一日中ひとりぼっちで居るのが可哀想で、自分の学習日の金曜の夜だけ連れてきてもいいですか、皆さんの邪魔はさせませんから」

と言うのだった。

「この教室は誰でも何時でも来ていいんです。大丈夫です」

と答えて訊ねてみると、日本語は全く知らないという。しかし、母の居る国の言葉だから習いたいとは思っている、というので、その日は他の受講生には問題を自主自習してもらって、「あいうえお」の発音を聞かせて練習させ、学習用教材を与えて中国に帰るまでの間に平仮名・片仮名の五十音を全部おぼえ、書けるようになって帰るようにと話した。彼は八月下旬に中国に帰るまで、ほぼ毎週金曜日母親とともに教室にやって来て、ひとり「あいうえお」の筆記と読みを繰り返して自習し、平仮名・片仮名ともに五十音全部を習得した。

鳳坤さんに聞くと、日曜日に街に連れて行く以外、曜日には家でパソコン通信をしてひとりで過ごしているということなので、鳳坤さんの遠慮に構わず日中野外に連れていくことにした。初回七月三十一日、「文化の森」に案内した。その日の私のメモ帳にはこう書いてある。

……寺尾さんの息子・夏天欣を約束により文化の森へ連れて行く。暑いので屋内の図書館、博物館、近代美術館、二十一世紀館の全てを案内す。〝ＴＡＮＴＯ〟でハンバーグセットとアイスクリームをおごる。六時半帰宅。疲れたが、無事終わってホッとする……。

その後、私は彼を宮川内ダム、あすたむらんど、第九の里、ドイツ館、大麻比古神社、鳴門渦の道などへ案内した。大麻比古神社では「学業御守り」の話をしたら喜んで受けとった。君は拝まなくてもいいんだよ、と言っておいたが、彼は私のまねをして、二拝二拍手一拝の作法で参拝するのだった。

「なにを祈ったの」

と聞いてみたら、

「また日本に来られるように、と祈りました」

と答えて私を感心させた。

また、夏天は神社の神木を見てひどく驚いていた。千年を超える樹木を見たのは初めてだと言って、私にメモ帳を破って「人只活百年　樹能活千年」と書いて渡すのであった。

彼は宮川内ダムでは、もっと奥へ行きたいと言って私を困らせた。

「空が青い。山が青い。水が青い」と言って感じ入っている。

「当たり前だよ」

と言うと、

「こんな綺麗な自然を見るのは初めてです」

と言うのであった。

鳴門・渦の道では、その波濤と渦潮に言葉も無く見入っていた。

彼の故郷では、空も河も黒いのだそうだ。私は、日本でも工業地帯や大都市ではそういうことがあった。しかし、みんなで環境浄化に努めてきたんだよ、と説明した。

彼は鳴門では、いいというのになけなしの小遣いをはたいて「ポカリスエット」一瓶を私に買ってくれるのだった。自分は飲まないで。


夏君は八月十五日の鴨島の盆踊りにも参加して、十七日の金曜日の授業日に帰国の挨拶に来た。明日帰国だというので、私は急いで踊りの写真を焼いて翌朝渡した。一か月の滞在中に、「あいうえお」のひらがな・カタカナと簡単な挨拶言葉を覚え、

「お世話になりました。ありがとうございました」

と日本語で挨拶してくれた。

費用を節約するために韓国の飛行機でソウル経由瀋陽へ飛ぶのだという。一人で帰るのを心配したら「大丈夫」と笑っていた。私は次の漢詩を黒板に書いてはなむけとした。

少年易老学難成　一寸光陰不可軽
未覚池塘春草夢　階前梧葉已秋声

日本では有名なこの漢詩を彼は知らなかったが、私の気持ちは受けとめてくれたようだった。そして、

「日本はいい国です。高校を卒業したら日本に来たいです」

と言うのだった。


数日後、無事帰国した旨と来日時のお礼の挨拶がお母さんを通してあった。

彼は学校へ行って、日本での、徳島での経験を語り写真を学友たちに見せたとのことである。みんな、写真の風景に驚くと共に、日本に行った夏君を羨ましがったと言う。

実は彼が帰るとき、日本のことをあまり言わないほうがいいんじゃないか、と言ったことがある。彼の故郷の遼陽に近い瀋陽でも反日デモが起こっており、反日分子が彼をいじめたりしないかと思ったからである。しかし、彼はみんなに見せて、日本での経験を話したそうである。みんなは
「おまえ、よかったなあ。日本はきれいだ、日本はいい。俺も日本へ行きたいよ」

と言って賞賛したということだ。それを聞いて、わたくしも少し心の安まる思いをしたのであった。

中国人主婦と短期大学

本田芳竹さんは日本語教室には前年五月から顔を見せるようになったひとであるが、平成二十三年には日本語能力試験Ｎ２に合格して、更に熱心に教室に通って来るのは、次にＮ１（一級）を目指してい

るからだと私は単純に考えていた。確かにそれもあったのかも知れないが、彼女はまた別のことを目標としていたのである。

七月頃から出席が途絶え、十一月二日子供さんを連れて顔を見せたきり以後欠席が続いた。本年度二月六日電話による要請があって川島のお宅を訪れると、両親が中国から来ていて子供の世話をしてくれているという。

彼女のお父さんは現役時代料理人であったそうで、娘が世話になっているから、と手作りの中華料理をご馳走してくださった。

芳竹さんは鴨島町にある介護施設で介護の仕事に従事しているが、その業務の実態は非常に厳しいもののようだった。一晩に六十人もの要介護者の世話をしなければならないこともあるという。二人の子供を抱えて夜勤の多いそんな介護の仕事を続けるのは、理解のあるご主人の協力があってもとても大変なことであろう。私はそれまでそういう事実を知らなかったので、最近出席が悪い本田さんを等閑視していたことを反省しなければならなかった。

本田さんは、食事が終わったあとで、将来介護福祉士の資格をとりたいのでその勉強をしているが、今回、介護についての小論文を出さなければならなくなった。論文など書いたことがないから指導していただけないか、というのである。

テーマは、なぜ介護士を目指すか、といったものだという。私は介護のことについての知識はないが、日本語の文章的な面でのアドバイスはできるかも知れないといって、本田さんが介護についてどういう考えを持っているかを聞いて箇条書きにし、後日文章にして持ってくるから、それを土台にして自分の文章として書き直したら、と言って帰ってきた。

翌日、私は文化の森の県立図書館へ行って介護に関する書籍を数冊読んだ上で、帰って芳竹さんの箇条書きを文章にして、二月十一日に本田さんの家へ持っていった。

三月十八日、本田さんから再度家に来ていただけないか、との電話があった。私は、このあいだの論文のことだと思って、

「病院には提出したの、どうだったの」

と尋ねた。すると芳竹さんは、

「ごめんなさい。隠していたけど、わたしは四国大学・短期大学部の介護福祉士講座の試験を受けたんです」

と言うのである。小論文は入試用だったのだ。入試の課題は違っていたが、私の文を丸暗記していって、試験のテーマに合わせて部分的に変えて書いたらしい。

本田さんは論文と面接の試験に合格し、三十数人の受験者中十五人ぐらいしかいない合格者のなかに

外国人としてひとり名をつらね、入学後にその論文が優秀だといって褒められたという。私は二の句が継げなかったが、

「合格してよかったね」

と言って帰ってきた。

後日談がある。論文が優秀だったので、日本語が日本人並みだと思われて、授業について一切の手加減がなく、本田さんはノイローゼになるくらい皆に付いてゆくのに苦労したらしい。その後二回ほどレポートについて相談を受けて助力したが、頑張り屋の彼女のことだ、大学の課業にも慣れてやっていっているのであろう。その後は音信が途絶えている。

単なる日本語の学習だけでなく、日本語をめぐって、こうした生活上の、また社会的な面における交流も行われているのがこの教室の特徴かも知れない。

藤野井さんの学科の補講、佐藤さんの着付けやお茶など日本文化の紹介、日本語学習と並行したこうした生活上の国際交流が普段に自然に行われているのがこの教室である。

日本語と漢語

金曜日組は出席者も固定されてきて、日常会話には全く不自由のないひとばかりになってきたので、受験対策の合間には中学入試国語や高校入試国語など、また、小学校や中学校の国語教科書などについて読解を楽しんだりすることも行った。

そうした中で、私自身気がついていなかった、びっくりさせられるようなことが度々あった。例えば、日本語の文章の中に出てくる「漢語」の意味についてである。この年中国人受講者との間で話題に登ったもののいくつかの例をあげると次記のようである。

1．中国語だと思っていたのにそうでなかったもの

工夫：中国語になし。　中国語では亦法（亦は辨）また、方法。工夫するは下功夫。

順番：中国語になし。　中国語では輪班。日本でも輪番という漢語がある。

駆使：中国語になし。　駆使という言葉はあるが、牛馬のように使うという意味だけ。

日本語を駆使する、などの場合は「運用」

能力などを駆使する、という場合は「発揮」

独白：中国語になし　「ひとりごと」の意味なら「自言自語」

ただし、これはここの中国人が知らないだけで、辞書によると劇などでいう「独白」は中国語である。

2．中国語ではないが意味はわかるというもの

切実

辛抱

彼自身

3．中国漢語にないもの

二日酔　中国語は宿酔

灰皿　烟灰缸　烟灰盤

採算　核算

孤高　孤傲　ただし、これも辞書には「孤高」という言葉はある。

例えば、孤高を持する＝孤高自恃

4．日本漢語だと思っていて中国語由来のもの

滑稽　中国語

世間　中国語

自首　中国語

これらはどう考えても日本漢語だと思っていたが、そうではなかったのには驚いた。

いつか「通知ないし報告しなければいけない」という文章があって、寺尾鳳坤さんが、この「ないし」の意味がわからないという。鳳坤さんは日本語能力試験N1の合格者である。この文は「または」「あるいは」のかわりに「ないし」を使ったのだろうが、本来の意味とずれた別の意味の使い方をしているので、どう説明しようかと考えながら、ふと思いついて、「漢字で書くとこういう字です」といって「乃至」と書いた。すると鳳坤さんは、即座に「ああ、わかりました。そうなんですか」という。私は驚いて「え、これ中国語にあるの」というと、彼女は「はい、中国語にあります。発音はこうです」といって、黒板に〝nai zhi〟と書いた。この筆者は「乃」の字が常用漢字に無いので仮名でかいたのだろうが、このように漢字・漢語をめぐる問題には、びっくりしたり考えさせられることが多い。冒頭の「いつか」も「何時か」と書けば意味を取り違えなくてすむ。乃至の「乃」をなぜ常用から外さなければならないのか。敗戦直後の日本（日本語）蔑視の風潮から日本はまだ抜け出せていない。中国の簡体字についても同じようなことがいえると思う。そして、言葉は一旦普及するとなかなか変更是正することができない。

グレシャムの法則は言語にも当てはまる。「悪語は良語を駆逐する」

私は漢字の歴史や特色を中国人受講者とよく話しする。

漢字表記の問題については、いろいろ問題があるが、それはさておき、こうした言葉をめぐる会話を交わしながら、私自身学習者のようにみんなと一緒になって時間を楽しんでいるのであった。あ、「一緒」はどうなんだろう。……多分、和製漢語だろう。

日本語の表記法をめぐってはさまざまな批判がある。曰く「植民地語だ」、曰く「無統一言語だ」、曰く「非効率言語だ」……。そうだろうか、漢字を導入して、それによって仮名を造り出し、内容語を漢字として、それに機能語を仮名で配して自在な表現を可能にしたものが日本語の表記の特長ではないだろうか。そして、これによって日本語は応用に強い、包容性に富んだ表現能力を得たのである。

漢字を棄却しなかったことは重要な点である。血のにじむような努力を重ねて現代日本語とその表記法を確立していった明治の文豪や啓蒙家たちに私たちは感謝しなければならない。

阿波踊り国際交流連

MBS 日本語教室・朱色服は吉先生、前列左が李さん

阿波踊り 練習風景　研修センター前にて

―二十年の時を刻んで、新たな歩みは続く―

平成二十五年（二〇一三）

付記

後記

平成二十五年（二〇一三）

日本語教室の風景

中国人実習生が減少し、入れ替わってベトナム人実習生の数が増加してくる。この傾向は昨年から顕著になってきていたが、本年は更に加速されたと感じられた。

しかし、鴨島町内ではなく山川町・石井町などの遠隔地の企業実習生が多く、継続して出席する実習生の数は日が経つにつれて減少していった。現在続いて毎回出席しているベトナム人は数名程度になっている。

インドネシア人実習生は二名が出席していたが、本年をもって帰国するなどのこともあり途絶えることとなった。いずれまた、新しい実習生が何人か来るようになると思われるが、この年現在、受講者の主体はベトナム人実習生と中国人主婦となっている。

なお本年度、十二月二十二日より萩森健治さんが講師として出席するようになる。

受講者

費淑蘭、董暁営、王群、王云、張偉、朱恒、佐藤優菜、北原　暉、平石亜玲、王彩香、劉敏、宋瑞英、郭孟、姜冬梅、呉凌云

パラシアン・マラウ（インドネシア）

ダク・ティ・ハン、　ハ・コク・ヴィン、ファム・ティ・マイ、ダン・チェン・ヅン、ヌン・ティ・ハイ・イェン、　レ・ティ・リン、チャン・ティー・ミー・ハン、レ・グイ・フェ、（以上ベトナム）

マリト・コンデ（フィリピン）

△野村秀春・真依

ウィ・ティ・ティーエ、　グン・ティ・テュイ、　アン、　リイ、ノク、ラン、グエン・トロン・テュアン・ミン、　トラン・テイエン・ラク、ツウ・ハン、リ・ホァン・トロン・フー、　チャン・ティー・クエ、テアイ、テュク、フォン、ヒューナ（以上ベトナム）

リサ・メイ・コンデ、　木下・エバンジリン・コンディ（フィリピン）

（以上日曜日組　△印欄は短時日出席者）

坂本麗紅、寺尾鳳坤、郭孟、段文
△夏天忻（欣）、チャン・ティー・ミー・ハン
（以上金曜日組　△印欄は短時日出席者）

開講状況　使用教室　二階第三教室
開　講　日　日曜日
授業時間　十三時三〇分～十五時三〇分　入門および初級日本語
　　　　　藤野井さんの授業は都合によって十三時～十五時
開　講　日　金曜日
授業時間　十九時～二十一時　中級日本語（日本語能力試験対策講座）

日本語教室の窓から

この教室に中国人研修生が出席するようになったのは平成八年（一九九六）からである。年齢も十八

歳から二十一、二歳までで、西安や瀋陽といった大都会から来た人であった。日本語の勉強意欲も旺盛で、四十人を超える研修生が毎週熱心に通って来ていた。そのころ教室を埋め尽くした娘さんたちのまっ白な歯並みと、眼鏡をかけた人がほとんどいないのに驚いたことが新鮮な記憶として今も脳裏に残っている。いま新しい多くのベトナムの娘さんや青年たちを迎えてまた同じような思いにとらわれている。

現在、この町に来ている中国人実習生はほとんどが農村出身であり、年齢も三十歳代後半から四十歳を超えるような人たちばかりで、大学生や高校生の子供を持った人が多い。

昔は都会から来た研修生でもカメラは誰も持っておらず、花見やバス旅行をしたときの写真をあげると喜ぶので、みんなの要望に応えているとフィルムの現像焼付代が一回二万円にも三万円にもなることも珍しくなかった。

昨今はどうか。中国人もベトナム人も実習生達はみんなデジカメはもち論スマホやタブレットを持っている。日曜日に公園などに招待しても、自分たちで好きなように撮して本国の家族にパソコンやスマホで転送している。

私が撮した写真をプリントしてあげると喜ぶが、以前の人のようにもっと欲しいなどとは言わない。料金はいくらか、と言って払おうとする。しかし一方で中国人実習生は金銭面に関して会社側に対して要求は厳しいらしい。まともな日本の小企業経営者は取り扱いに苦労しているようだ。

授業中解らない言葉が出てきても、電子辞書やスマホで検索しながら私の説明を聞いている。したがって、日本語の教授もありきたりの説明では面白味がなくなっている。上級者にはその言葉が含む言外の意味や、特にカタカナ日本語の解説をすると評判がよい。

卑近な例を挙げると、「スーパー」「デジカメ」「パソコン」など、初心者でもその日本語の意味は知っているが、そこから、日本語特有の語の省略、英語の原語の意味、含まれる促音や長音や拗音などの日本語に固有の発音上の注意事項などについて触れる、といったことである。上級者は非常に興味を示すことが多い。そうして、私の話は絶えず脱線していくのである。

他方、この人たちは今でも日本の製品に対する評価を失ってはいない。テレビやカメラ、スマホやパソコンでも、帰国の折には日本製品を買って帰りたいという。

帰ってから買ったほうが安いじゃないか、と言っても、いや日本製品じゃないとダメだという。いま、来年帰国する中国人実習生から、帰国前にお土産の日本製腕時計を買いに行くのに付いていって欲しいと頼まれている。日本製品を一緒に見てほしいというのである。

最近、中国から来日し、日本語教室に来るようになった馬英搏さんは、「カメラでも電化製品でも日本製のほうが安いですよ」という。中国では物価や労働者の賃金が上昇しているのである。

現在、日本はあらゆる製品の生産面において韓国や中国からの猛追を受けている。日本は製品の技術面の競争において、これからもずっと先頭を切っていかなければならない。そのための努力を続けて行かなければならない。また、そうあって欲しいと私は心のなかで願っている。そして彼女、彼たちもまた、祖国の先進化を願って努力を続けているのである。

この年、恒例のバス旅行にベトナム人は参加できなかった。その埋め合わせにと中国人実習生と一緒に鳴門観光に招待した。迷子になったらいけないので、主なひとの携帯番号を交換しあったが、「ガラケー」なのは私ひとりであった。彼女・彼氏らは、最新のスマホを操ってこともなげにしていたが、まれにメールと電話で使うだけの私は、最近やっと老人用のスマホに買い換えたが、それを使いこなすまでには至らず普段はポケットの中で眠っている。

二十年前の中国研修生の若い姿がいまのベトナム実修生の姿である。

世の中はずんずん進み変わってゆく。教えられることが多いのは私のほうである。今年、日本語能力試験を受けるベトナム人のイェンさんは願書のことを私に聞いてこなかった。以前、時期が来ると受験希望者への願書の手配や発送の手助けに気を配っていた私は、心配して〆切前に訊ねたら、

「もう、コンピュタで申し込みしました」

という答えが返ってきた。ホッとしながらも心の中で驚いている私である。

…このベトナム人のイェンさんは、この年の日本語能力試験Ｎ２に合格する。

帰国後も日本語のことについてメールで質問してくる。私は彼女のメールの日本語のおかしいところは訂正して説明をつけて返事することにしている。彼女はスマホやタブレットを使い後輩の実習生とテレビ電話を交わしている。先日はある実習生が「イェンから電話があります。先生いいですか」といって私に見せてくれた。会話を交わしたあとで、イェンさんは、「先生、ちょっと待ってください」と言って誰かと替わった。彼女のお母さんだった。お母さんが何かを喋って頭を下げていた。多分娘がお世話になりました、と言ったのだろうと思う。私は「いいえ、いいえ…」と言って挨拶して頭を下げたが、お母さんもその日本語の意味を察したのだろう、微笑みの表情で挨拶を送ってきた。

授業の休憩時間、何かの話をしているとき子供のことについてイェンは、

「帰国して結婚したら子供を三人以上生むつもりです。人口が減る国は衰退します。わたしはベトナム発展のために少しでも貢献したいです」

と言っていた。

彼女はいま二人の男の子を抱え、ＰＣを使ってホームワークをして家計を支えている。時々、元気でやんちゃそうな子供の写真を送ってきてくれる。

二番目の男の児が生まれたときメールで

「日本で暮らしたとき、日本語教室で先生に大変お世話になりました。日本語の「大安」に因んで子供の名は DAI AN とつけました」

と言ってきて私を驚かせまた喜ばせるのだった。

二十年前の中国人研修生達と私の情報手段における関係が、いまは私と実習生たちとの間でその立ち位置が入れ替わっている。もう、私のほうが時代の落伍者になっているのである。

授業に関しては、藤野井・佐藤さん他講師の数が増え、私は役目の終わった「時代おくれ」の人間となってしまったようである。

〰〰〰〰〰〰〰〰〰〰〰〰〰〰〰〰〰〰〰〰〰〰〰〰〰〰〰〰〰

補足

受講者の氏名について

この『記録』では、煩雑であるかも知れないが、各年度ごとに出席した受講者の名前を記載した。私としては、教室の主役であり、多くの「ひと」にそれぞれの思い出があるその名前を省略することができなかったのであり、受講者こそ「教室の歩み」の中核をなすものだと思われたからである。

もう年数が経っているのでここに記載してもいいと思うが、ある日県警本部の人が訪ねてきたことがある。会って話を聞くと、「こういう人が教室に在籍していたかどうか伺いたい」ということであった。ある実習生が実習期間後も帰国せず〝スーパー〟で万引きをして捕まり、不法滞在と窃盗の罪で裁判にかけられることになった。警察としては、彼の日本滞在中の行動を把握して検察側に提出しなければならない、ということだった。ところが、彼は調査のときも、留置場の中にいるときも、日本語教室で勉強していたことと、そのことが日本で居る間の一番楽しかったことであると盛んに訴えたのだという。それで、県警の人は、その実習生が日本語教室に出席していたかどうか、また、どのくらいの期間出席したかをお聞きしたい、というのだった。出席者の名簿を調べたところ、確かにその実習生の名前があったが、教室に来たのは一か月ほどのことだった。私はありのままを答えたが、県警の人は、「そんな短期間なのにあんなに懐かしがるのは、先生の教室が余程よかったんでしょうね」と不思議そうに言うのだった。

私は答えることができなかったが、彼の気持ちがわかるような気がした。口の悪い人は、

「警察に少しでもよく思われようと、そう言っているんだろう」という。

しかし私は、彼がそんな作戦を講じてそう言っているのではない、と思っている。

出席期間の長短にかかわらず、この教室を懐かしむ受講者が多数いることを私は知っている。異国での緊張した、あるいは言葉の壁に突き当たって困っている、そして、周囲に知った人がいない孤独感に襲われている外国人が、この教室に憩いと安堵の場を求め見出して出席してきていることを、これまでに書いたようないろいろな人の例を通して私は知ることになった。この教室に出席した記憶と意義を認めていてくれる受講者たちの存在を忘れてはならない。私がこの『記録』に、各年度毎に受講者の氏名を書き留めたのは、そうしたことも大きな理由をなしている。

いろいろな事情から、名前を届けない受講者もいた。姓だけしか言わない者もいる。あとで名前を明かす人もいた。各年度に掲げた受講者の氏名は、その時に届けた名前をそのまま記載してある。求めてやって来る人には常に扉を開き、その人の内部を詮索することはしなかった。自ら届けた名前だけをその人の名前として名簿上に記録してきたものである。

受講者の資格取得について

最初の中国人研修生受講者への日本語能力試験受験推奨の失敗を教訓として、以後は能力試験やその他の資格試験の受験などについては、受講者本人の希望にまかせ、それを教室の目的とはしないようにしてきた。ただ二〇〇〇年以降毎年申し出のある一、二名の自主的受験希望者には、金曜日を主体に試験内容の説明や練習問題の実施と指導を行ってきた。また最近では、日本語能力試験とは別に職業試験の受験希望者がでてきたので、その人たちに対する共同の勉強も行うようにしている。職業試験は私自身にその知識がないので、教える受験者が解らないことを調べるとか、試験問題中の日本語の読みや意味の解説、難解な日本語や特殊用語、外国語（主に英語）についての説明を行うとかいったことが中心になるが、受講生はそんなことでも非常に有用だと言っている。受験しない人との時間の割りふりに苦心を要するが、両者とも相互に理解を示してくれ、職業試験問題のなかで、日本語用語の解説や文法の説明を挿入するとかして双方に役立つような運用を心掛けている。

受験合格者の増加を教室の目標としていることはないが、平成七年から平成二十五年までの間の合格者の状況は次のようである。

1．日本語能力試験合格者

4級　1名、　3級・N3　5名、　2級・N2　11名、　1級・N1　10名

（合計　27名）

（註：上の人数は受験の届け出や合格の報告があったひとの人数である。アメリカ人などは、通常受験結果の報告はない。また、４級および３級・Ｎ３にはインドネシア人などがこれ以外に多数合格しているが、通知がないひとの分は含めていない。届け出および報告のあった受験者の合格率は約90％である）

２．その他の試験

大学進学試験（旧総合試験）合格者　２名

大学進学者　11名

調理師試験合格者　１名

県通訳ガイド採用合格者　１名

介護福祉士試験合格者　２名

教室にて　ベトナム・中国実習生　後列左端は美馬先生

鴨島菊人形･王云と佐藤さん

主婦三人・東大寺仁王門

2014　ベトナム実習生と花見・後列赤い服は Yen さん・前列中央は萩森さんと市原さん

2014　江川公園の花見で踊る佐藤先生とベトナム実習生

2016　タイ・インドネシア・中国人実習生の授業

2016　井口先生と中国人実習生

2016　白岡先生とタイ・ベトナム実習生

―文化研修センター風景―

文化研修センター　玄関

文化研修センター　裏側　二階の窓両側が日本語教室

付記

おわりに、この教室の運営に直接ご支援ご協力くださった方々のお名前を付記し、心からなる感謝の意を捧げたい。

「お力添え頂いた方」（敬称略）
曽我部訓博（平成五年～七年）　藤井通博（平成八年・九年）　瀬尾規子（平成八年～）
小林由美（平成八年・九年）　山田　寶（平成八年～）　大坪基次（平成九年～平成十二年）　乾喜美子（平成十年～平成十二年）　安部正美（平成十三年）　西島久幸（平成十三年～平成十七年）　村上すゑ子（平成五年～平成十九年）　志摩満智子（平成十八年～）

家内、すゑ子は私の日本語教室に理解を示し、自分を犠牲にして死の直前まで私を支え、また受講生たちに対して献身的に尽くしてくれた。家内と親交のあった何十人かの受講者たちは、全員家内を「お母さん」と呼んでいた。なお、姉志摩満智子は家内が病気で臥せてから、授業日の家内の介護、阿波踊りなどの行事における研修生への慰労など、日本語教室の運営を陰で支え応援してくれた。

また、平成八年以降、日本語教室関係研修生との文化交流、電脳（コンピュータ）およびインターネットの指導、野外活動、電脳交響楽団演奏会への招待や出演援助、ボウリング大会開催など、多様な行事を通じて様々な便宜供与をしていただいた「文化の森・COMET（徳島県文化学習情報システム）友の会」に関係する主な方々の名前もここに記させていただく。

多田繁行　桂　豊　立岩俊彦　伊丹誠治　武市隆嗣　高宮達博　高田　勝　前田和茂　岡孝行　川野均　横井邦男　杉本宏文　露口幾也　藤井利彦　佐藤　實　杜　義治　谷崎佳久　吉本公昭

「授業に携わって頂いた方」（敬称略）

田村　実（平成四年・五年）　川真田優子（平成四年）　手塚　功（平成八年）　重本優子（平成八年）　藤野井典子（平成十三年・十四年～）　大石友香（平成十四年・十五年）　桑原郁代（平成十四年・十五年）　佐藤　縁（平成十五年・十六年）　早川春花（平成十六年）　市原百合子（平成十八年～十九年・二十三年）　谷本美穂（平成十八年～十九年）佐藤光枝（平成二十一年～二十三年・二十五年～）　美馬潤子（平成二十二年～二十四年）　梶本福枝（平成二十三年）　萩森健治（平成二十五年～）

本教室が県内ではまれな二十三年以上という長期に渉って継続開講できたのは、藤野井典子、市原百合子さんお二人の尽力のお陰である。また、佐藤光枝さんは、学習者が多様化してきたその時期に参加くださり、徳島市へ転居後も遠路出席され課業以外に着付け・料理など日本文化の紹介に努められるなど、教室の雰囲気・内容の充実に寄与していただいた。

〜〜〜〜〜〜〜〜〜〜〜〜〜〜〜〜〜〜〜〜〜〜〜〜〜〜〜〜〜〜

不統一な内容ながら思い出すままに書き連ね、二十年という時間のひとつの節目を通過するに当たって、この「日本語教室の歩み」をふり返ってみた。

書くことはいくらでもあり、書かなければならないことが抜け落ちているかも知れない。ここに取り上げた事柄は、各年度の出席者を表記しながら、それらの人をめぐって想起される出来事のうちのいくつかを選択して思うままに書き下ろしたもので、記述した事項の前後関係に不統一なところはあるが、書き出した事象に関しては一切の装飾は施していない。本人がそう書いたものや、問題があると思われる事項に関する個人の氏名にだけ記号を使用したが、その内容については事実をありのままに記述した。

この「日本語教室の歩み」は、決してわたしたちの主導によって維持されたものではなく、さまざまな国の人たちと日本語を介しての交流によって支えられてきたものである。その意味において、これは教室の内なる風景を描いたものであるとともに、教室の窓を通して見た世界との交わりについての年代記でもあると考えられる。

つたない記録ではあるけれども、ここに「日本語教室二〇年の歴史」として刊行することが出来たのは、すべて私が相談しともに運営に当たり、また、それを支えてくださった方々のご尽力によるものであると言わなければならない。そして何よりも、この教室で学ばれた十五か国一千名を超す人々のお陰でもある。したがって、この「日本語教室の記録」は、執筆を私が行い、私は・・・・という表現を用いているが、本当の意味では教室に係わった全ての人々の合作であると言わなければならない。

この二十年間、私は日本語の学習という場を通じて、この教室に通ってくる人たちと接してきた。もう辞めようかと何度も思いながら、その都度受講者に励まされたりお礼を言われたりして思い直しては続けてきたというのが実際のところである。いまふり返って、これまでの自分の至らなさに忸怩たる思いを懐かざるを得ない。そして自問する。果たして私はあの人たちのために役にたったのだろうか、日本語教室における授業と交流は本当にこの人たちにとって有用だったのだろうか・・・・と。

そしてその答は、ここで学んだ一千名の人々ひとりひとりの胸の中にある。

平成二十七年（二〇一五）三月

村上瑛一

後記

平成二十五年以降の学習者はベトナム人実習生が主体になり、やがてタイ人、さらにミャンマーからの実習生が増えてくる。二十五年以降五年間の学習者数は中、上級クラス　十三名、初級クラス約百五十名であった。

近年、彼ら彼女らはスマホを駆使し、文字・語彙は勿論、読解までもインターネットで自習できるようになっている。日本語教室の中身も単なる日本語学習の場を離れて、交流の場としての色彩が濃くなってきている。

平成三十年、私は二十五年に渉ってボランティアで行ってきた日本語教室から身を引いた。いつの間にか八十八歳になっていた。

長年手伝って下さった藤野井さんと佐藤さんが、ご家庭の都合で揃って辞められ私一人になっていたが、日本語教室には新会長の萩森さんのほか、平成二十八年から青年海外協力隊員の白岡大さん、ご主人の徳島への転勤で鴨島町に住まわれるようになった主婦の井口和代さん、平成二十九年からは国際交流や日本語指導に経験豊富な徳島市在住の真鍋憲昭さんが出席して下さるようになり、私も心置きなく引退することができた。

平成三十一年（二〇一九）二月二十六日、吉野川市教育委員会と国際交流協会を通じて徳島市国際交流協会から一通のメールが届いた。それは以下のようなものであった。

「わたくしの名は呂波と申します。一九九六年から一九九八年まで鴨島町山田縫製の研修生でした。その間、わたしは町文化研修センターで日本語を習いました。その二年間、社長および奥様、そして先生に親密にしていただきました。社長ご夫妻と先生のご指導は、わたくしのその後二十年間の職業技術と生き方の上に大きい影響を及ぼしてくださっています。この七月、シアトルから徳島の皆様にお会いするための旅を計画しております。しかし、時が流れました。徳島の町の名前が変わっているようでコンタクトできません。
先生のメールアドレスなどお探し願えませんでしょうか。よろしくお願い申し上げます」

内容は英文で、自分や私の名前と社長夫妻の名前は日本漢字で書かれてあった。普通に住所や電話番号を聞いても、プライバシーの点から教えてくれないと思ったのだろう。呂波らしく配慮に満ちたメールであった。徳島市や吉野川市の国際交流協会はそれぞれ直ぐに私に知らせてくれた。吉野川市の国際交流協会からの知らせには、「呂波さんというのは、素晴らしい詩を書いた人ではなかったですか」とも添え書きされていた。

呂波がバス旅行で書いた感想詩は協会の人々の記憶に刻まれていたのである。

呂波はバンクーバーから米国ワシントン州・シアトルに移っていたのであった。

私は、徳島と吉野川市の国際交流協会にお礼のメールを出すとともに、呂波宛に、「七月をたのしみにしています。とりあえず（立刻）メールアドレスをれんらく（連絡）します」と、日本語と英語で通知した。呂波からはすぐ次のような便りが寄せられた。

「先生 こんにちは！ 先生のご返信、受け取りました。本当に嬉しいです。

先生、お身体の具合は如何ですか。奥様はお元気ですか。先生はまだ授業を続けられていますか。

記憶では最後に交信したのは二〇〇二年だったと思います。もう十七年が過ぎ去ってしまいました。

先生と手紙のやりとりをした頃は、わたくしはカナダのバンクーバーに居りました。二〇〇八年に主人と娘と共に長期滞在資格をとってアメリカのシアトルに移住しました。そして同時にわたしたちは自分の商売を始めました。八年の歳月をかけて、大型ショッピングセンターとは異なる六種の個性を表現できる衣装のデザイン工房を立ち上げました。顧客のためになる顧客自身の体型に合うことを基本として、その性状や用途に合うように衣装を改良できる仕立服の店です。そしてこの間わたしが山田縫製で研修したときに習得した縫製技術を活かしてやってきました。縫製技術面で日米で相違する点はミシンの応用的な使用や改良によって処理してきました。工員に対する管理面では、先生がかってわたしたちに恩恵を与えてくださった私心なく献身的な態度でもって接し運用してきました。先生は以前に奥様と共に時間や金銭を犠牲にして、ご当地の人文、習俗、高度の科学技術についてわたしたちの理解を深めるような数多くの機会を設けてくださいました……。

こうした先生の他意のないご指導は、人のために事を処することや仕事に対する態度について、わたくしに深い影響を与えてくださっています。わたしたち十八名の作業者は、仕事に対して敬虔な気持ちを持ち、みんな心を一つにして長年やってまいりました。それで、わたくしの中にはいつも先生が在り、賢明にまた円満にことが処理できた時には、いつも先生や社長との間の出来事を例えに出してみんなに話すことにしています。

先生、このようにわたくしが二十年間心に抱いてきた感謝の気持ちから、娘を伴って皆様へのお礼に向かいたいと思っております。わたしの娘にとっても良い教育になるでしょう。それで、娘の高校卒業後の今年七月、久しく別れていた再び見る故郷の地に脚を踏み入れ皆様方にお会いしたいと思います。

皆様のご迷惑になりませんように。また、先生からわたくしの気持ちを山田社長と奥様にお伝え下さいますようお願いいいたします。　謝謝《シェシェ》！

また一年一度の桜の季節がやってまいります。あの頃、わたしたちみんなは課業のない夜に先生に連れられて、先生が用意してくださった食べ物や飲み物を持って、公園の桜花の下で先生が教えてくださった桜の歌を唄いながら食べたり飲んだりしました。

いま、そのことを昨日あったことのように思い出し、心穏やかに嬉しい思いに耽っています。最後に、わたくしの真摯な心からのご挨拶をお送りいたします」

このメールを見て私は、多くの苦難を乗り越え、前向きな思考と努力によって今日の生活を作り上げた呂波の長い旅路の跡を行間から読み取った。

私は、国際交流協会の会長だった瀬尾さんや、彼女たちの世話を手伝ってくれた役員の小林さんに呂波の来訪の知らせを伝えた。

「呂波さんからの貴重な嬉しいお知らせ、ありがとうございます。美しく聡明な呂波さんのことは今も覚えています。私たちとの交流が「心と心」の繋がりとして今まで記憶されていたことに感銘を受けました。かかわりのあった皆様と一緒に歓迎しましょう」

といった返事が即座に寄せられてきた。私は、その日のことを胸に描きながら彼女の来る日を待った。

ところが、六月の末、呂波から来徳の予定を延ばしたい旨のメールが届いた。それは、

「みなさまに再びお目にかかれるのはとても嬉しいです。二週間前、わたしたちがシアトルへ引っ越したとき整理した荷物の中のものをもう一度見てみました。それは、桜の花の下、文化の森、ボーリング、熊谷寺、宮川内での餃子作り、お茶の会など、いろいろな美しい記憶を呼び起こさせる写真です。

そしてわたくしが忘れることのない、先生やいろいろな方からの、わたしが強盗によって傷を受けたときに戴いたお見舞金のことです。

あのような特殊な状況下に届いた先生からのお手紙や贈り物は、わたくしの精神面に大きな支えと励ましを与えてくださいました。わたくしは、ただただ感激するほかはありませんでした。初めの計画では、七月になったら訪問させていただくつもりでしたが、わたしたちが経験したことのない娘の進学上の都合や新店舗の開業の問題が起こり、お伺いする旅行の計画を先に延ばさなければならなくなりました。どうぞご理解ください。計画を更新して少し先に延ばさせていただきたいと思っております」

といった内容の連絡であった。

呂波の娘さんは、その年ハイスクールを卒業したが、受験していた州立ワシントン大学に合格したと

いう。進学の手続きに予想外の手と時間を取られること、また、店舗の増設を考えていたが、願ってもない物件が見つかったので、この機会を逸しないように契約や工事をすすめたい、ということが書かれてあった。

私は、「気を遣わないように。家庭や事業のことを第一に考えて、それらが落ち着いたときいらしてください」と返信した。

呂波の知らせには、娘さんが進学するワシントン大学の見事な写真と自身の近影が添付されていた。私は一番に彼女の写真の顔をみた。か細く楚々とした身体つきに似合わぬ凛としていたあの顔は、荒波を乗り越え、家庭とこどもを育て、事業の今日を築き上げてきた自信に満ちた中年女性のそれに変わっていたが、その面上に傷の痕跡が残っていないことに私は安堵した。

ワシントンDCのポトマックと並び全米でも有名な名所になっているワシントン大学の桜が、日本から送られた染井吉野であること、アメリカ建国二百周年のお祝いに、当時の三木武夫首相が一千本の桜を送り、それを記念した公園があること、またそこに、現上皇陛下が皇太子であられた時シアトルを訪れられ、美智子妃とともにお手植えされた和桜の珍種が保存されていることなど、日本とシアトルとの因縁を私は呂波との交信の間に知ることができた。シアトルはイチローの属する球団マリナーズのフランチャイズでもあり、平均気温は低いが水に恵まれた日本によく似た環境の土地であることと同時に、それが桜の名所をなす要因になったであろうことを知り、自分の人生の記憶のなかに呂波を巡ってそれらの事象がつけ加えられたことを私は心から嬉しく思うのであった。

しかし、現実の嵐はさらに吹き荒ぶ。九月になって呂波から、「さまざまな事情から、今年中の訪問が出来なくなりました」という詫状のメールが届いた。呂波が本店を置いているビルが突然閉鎖になり三か月以内に取り壊されることになったというのである。大急ぎで新しいビル（市場と結ぶネットの中継基地機能を持ったビル）を探していたが、いい設備のビルの空室が見つかり、移転条件の交渉や契約に手を取られることになったという。

呂波は一切愚痴は言わないが、私は米中対立によるアメリカの中国ＩＣＴ（情報通信技術）排除の影響が呂波の事業にも及んできていることを察知した。私は、

「こちらのことに気を遣わないように。来られるようになったらいらっしゃい。こちらの皆さんには事情を伝えておきます。身体に気をつけて」

とだけ返した。

そして、年を越して状況は更に厳しくなった。新型コロナウイルス感染症の世界的流行である。心配して訊ねると、

「先生、大丈夫です。アメリカは個人主義の国です。自己責任の国です。収入のない人は車のなかで暮

らしています。食料は慈善団体の人々が支援しています」「私は子供や従業員との間でもソーシャルディスタンスを守り、買い物も一週間に一度にしています」

「一年間は無収入でも大丈夫なように蓄えがあります。従業員にも給料は支給しています」

「政府支援措置の金利一パーセントの融資を申請しました」

といった知らせが続き、そして更に、

「現本店の立ち退きを機会に、安価なビルの貸間が見つかりましたので、これまでの三店舗を六店舗に増設しようと計画を進めています。それらが達成されたころ、コロナ禍も収束していることを願っています。その時にはゆっくりと皆様方にお目にかかれることを楽しみにしています」

とのメールが届いた。

呂波は、徳島県の中国人研修生の第一期生のひとりであり、日本語教室の中国人受講者の最初の生徒である。彼女は、ニュースで日本でマスクが払底していることを知って、

「商売柄備蓄があります。先生送りましょうか」と言ってきてくれた。

「ありがとう、いま個人的に日本語を教えているミャンマーから来た縫製工場に勤めている娘さんが、不織布を縫いこんだ手製のマスクをいくつも作ってくれましたから大丈夫です」と私は返事した。

瀋陽の郭さんは、当初中国でもマスクが不足していたので、マレーシアやロシアに発注して手に入れ、役所に陳情して三十枚のマスクを私に送ってきてくれた。

パリにいるＹＩＮさんやインドネシアのプディ君、そしてベトナムのＹｅｎさんなどからも、「先生大丈夫ですか」と私を気遣うメールや電話をくれた。

今わたくしは、日本語教室で多くの人たちと学んだことの幸せを噛みしめながら静かに日を送っている。

令和三年（二〇二一）三月

九十叟　村上瑛一

日本語教室の窓から世界がみえる
――吉野川市国際交流協会日本語教室の現場から

2025年2月28日発行

著　者　村上瑛一
発行者　向田翔一

発行所　株式会社22世紀アート
〒103-0007
東京都中央区日本橋浜町3-23-1-5F
電話　03-5941-9774
Email: info@22art.net　ホームページ：www.22art.net

発売元　株式会社日興企画
〒104-0032
東京都中央区八丁堀4-11-10 第2SSビル 6F
電話　03-6262-8127
Email: support@nikko-kikaku.com
ホームページ：https://nikko-kikaku.com/

印刷
製本　株式会社PUBFUN

ISBN：978-4-88877-324-9